La réaction des lecteurs à la lecture de

Plus jamais un *chien de bidonville*

« J'AI BEAUCOUP AIMÉ votre livre! Je l'ai recommandé à un grand nombre de personnes qui le lisent aussi actuellement. Cette lecture nous ouvre les yeux et nous inspire! »

Mme T. K., Southern Pines, Caroline du Nord

« De toute évidence, ces mots que vous avez mis sur papier ont été inspirés de notre Père. Ce livre m'a arraché des larmes et donné la chair de poule tout au long de ma lecture. De concert avec vous, Francis Chan et David Platt, je suis vraiment convaincue d'aider davantage au nom de Christ. »

Mme R. H., Lorain, Ohio

« Ce livre a éveillé davantage encore ma conscience au confort de notre style de vie alors que des millions d'enfants et de familles meurent sans connaître Jésus. J'ai sélectionné Anthoni, puisque je m'appelle aussi Anthony (Tony en raccourci). Que Dieu vous soutienne et vous bénisse tous dans l'œuvre remarquable d'aide que vous apportez à tant de gens. Non seulement vous les nourrissez, les éduquez et en prenez soin, mais aussi vous faites en sorte que Jésus vive dans leur cœur. »

M. T. R., Prince George, C.-B.

« Je me suis procuré votre livre aujourd'hui et j'en ai terminé la lecture en moins d'une heure. Comme j'ai 17 ans et que je désire ardemment aider les autres, ce livre m'a tout à la fois brisé le cœur et donné espoir. Merci d'avoir écrit un livre aussi inspirant. »

M1

« Dieu savait tout juste ce dont j'avais besoin, et il m'a fait parvenir votre livre! [...] Votre livre m'a inspiré une fois encore de ne jamais arrêter d'aimer et de ne jamais arrêter de donner. Il a enflammé mon cœur pour les personnes sans Dieu. »

Mme C. M., Springdale, Arkansas

« Il fut presque impossible de déposer « Plus jamais un *chien de bidonville* » ».

Mme J. C., Ontario, Canada

« Je viens à peine de terminer la lecture de votre nouveau livre « Plus jamais un *chien de bidonville* ». Wow! Vos paroles, et le vécu de ces enfants et de leur famille m'ont arraché des larmes de tristesse à cause de leur situation désespérée et des larmes de joie à cause de ce que Jésus accomplit en Inde. »

M. J. H., College Station, Texas

« Poussé par le Saint-Esprit à faire un don en ce moment. Me suis trouvé sans beaucoup de travail pendant un certain temps et comme j'ai maintenant du travail à profusion, je désire partager avec les autres les bénédictions de Dieu envers moi. J'ai lu le livre « Plus jamais un *chien de bidonville* » et j'ai pensé que j'aimerais apporter mon aide [...]. Ma prochaine démarche sera donc de parrainer un de vos enfants. »

M. W. C., Windsor, ON

« Les récits me fendent le cœur, mais il est réconfortant de savoir qu'il y a de l'espoir pour eux. Je sens que Dieu m'a appelée à faire partie de cette œuvre d'espoir afin que les gens aient la possibilité de connaître Jésus Christ. »

Mme M. R., Knoxville, Tennessee

Plus jamais un
chien de bidonville

Rappelez-vous que vous n'avez qu'une seule âme; que vous n'avez qu'une seule mort à mourir; que vous n'avez qu'une seule vie, si courte, que vous seul êtes tenu de vivre et qu'il n'y a qu'une seule gloire qui soit éternelle. Si vous vous le rappelez, il y aura tant de choses qui n'auront réellement aucune importance pour vous.

Thérèse d'Avila[1]

K. P. YOHANNAN

Plus jamais un
chien de bidonville

APPORTER DE L'ESPOIR AUX ENFANTS EN SITUATION DE CRISE

LIVRES

gfa

une division de Gospel for Asia
www.gfa.ca/francais

Plus jamais un « chien de bidonville »
© K. P. Yohannan, 2011
Tous droits réservés.

Il est interdit de reproduire un extrait quelconque de ce livre, sous quelque forme que ce soit, sans l'autorisation écrite de l'éditeur.

Traduction : Christine Caron Bernier

Les citations bibliques sont extraites de la version Louis Segond (Seg), 1935, ou de *la Bible du Semeur* (Sem), édition 1992.
Tous droits réservés.

ISBN 978-1-59589-117-4

Publié par les Livres GFA, une division de Gospel for Asia

CANADA
245 King Street East
Stoney Creek, ON L8G 1L9
Tél. : 905 662-2101
Télécopie : 905 662-8447

USA
1800 Golden Trail Court
Carrollton, TX 75010
Tél. : 972 300-7777
Télécopie : 972 300-7778

Imprimé au Canada

1ʳᵉ édition en anglais, 2011
1ʳᵉ édition en français, 2012

Pour plus d'information concernant nos produits, visitez notre site Internet :
www.gfa.ca/francais

11 12 13 14 15 16 17 18 / 10 9 8 7 6 5 4 3 2 1

Avec amour, je dédie ce livre

aux milliers d'enfants

qui ont trouvé une nouvelle vie et un avenir radieux

grâce au Bridge of Hope de GFA.

J'éprouve tant de joie

à vous voir grandir dans la grâce et l'amour.

Que votre lumière brille

dans votre entourage.

$\mathcal{T}$ABLE DES MATIÈRES

$\mathcal{P}$réface

Avant de commenter ce livre, permettez-moi d'abord de dire quelques mots au sujet de mon ami K. P. Yohannan. Il n'existe que peu d'hommes, et probablement aucun autre, que je respecte plus que lui. À notre époque, il est difficile de trouver un homme capable d'en diriger des milliers tout en détournant leur attention de sa propre personne pour la fixer sur Jésus. Par la grâce de Dieu, K. P. Yohannan, fait preuve de ce genre d'humilité tout en dirigeant des millions de personnes.

J'ai pu passer plusieurs jours avec K. P. en Inde en 2010. Ce fut un honneur de passer plus de temps en compagnie d'un de mes héros. J'ai beaucoup appris par sa sagesse et j'ai été surpris par son sens de l'humour (pour une raison quelconque, je ne m'attendais pas à ce qu'il soit amusant). Il est sans prétention; on ne devinerait pas qu'il dirige un ministère à très grande échelle. Toutefois, l'amour est son trait de caractère le plus remarquable. Quand nous nous sommes quittés, j'étais stupéfait d'avoir reçu autant d'amour. On s'imagine que le cœur de tous les directeurs chrétiens déborderait d'amour, mais c'est malheureusement une caractéristique rare. Je remercie Dieu pour l'amitié et le soutien de cet homme envers moi. La raison pour laquelle j'appuie ce livre et vous demande d'adhérer à sa vision et à sa passion se fonde sur l'auteur lui-même, le leader de ce mouvement qui marche avec

Dieu et qui écoute sa voix.

L'Inde est l'endroit le plus triste que j'ai visité. La pauvreté combinée aux ténèbres spirituelles font de ce lieu l'un des plus misérables sur la terre. Ces habitants sont emprisonnés dans un cycle infernal. Les sourires sont rares et il y a dans leur regard une tristesse résignée. Bien que je n'aie pas rencontré les individus mentionnés dans ce livre, je peux vous assurer qu'un grand nombre d'entre eux vivent dans des conditions similaires.

C'est dans ces conditions que j'ai aussi été témoin de l'œuvre de transformation de l'Évangile. Dieu utilise Gospel for Asia comme une lumière qui éclaire ce monde ainsi que des millions de personnes dans plus d'une douzaine de pays d'Asie comme le Népal, le Myanmar, le Bangladesh et bien d'autres.

Lors de la lecture de ce livre, je vous encourage à vous rappeler que ces personnes de qui nous parlons existent vraiment. Ce sont des êtres humains créés à l'image de Dieu par un Dieu saint et que vous côtoierez pendant toute l'éternité, quelques-uns d'entre eux.

Quand j'étais jeune et que je voyais à la télévision des images de la souffrance des personnes vivant outre-mer, je changeais vite de canal parce que je ne voulais pas voir la souffrance. Je ne prenais surtout pas le temps de les considérer comme des individus avec un nom, une vie, une famille et une âme aussi inestimables que les miens. Je leur apposais simplement l'étiquette de « nécessiteux » plutôt que de les percevoir comme des personnes charmantes dotées d'une personnalité. Faites de grands efforts pour reconnaître leur valeur. Priez et travaillez pour elles, comme vous aimeriez qu'elles le fassent pour vous si les rôles étaient inversés.

Je suis très reconnaissant du livre que vous vous apprêtez à lire. J'en ai eu le cœur remué une fois de plus. À vivre dans l'opulence occidentale, il est facile d'oublier les autres et alors, en ce qui me concerne, je me concentre sur mes propres problèmes et j'oublie qu'une des meilleures façons de chasser les pensées centrées sur moi-même est de prier et d'aider ceux dont les besoins sont plus grands que les miens. C'est une merveilleuse opportunité que le Seigneur nous a donnée, car nous agissons en son nom sur la terre en secourant les autres comme il nous a lui-même secourus. Il existe peu de bénédictions comparables à la joie que nous goûtons lorsque Dieu fait appel à nous pour bénir les indigents.

Une des expressions souvent utilisées par Jésus était : « Que celui qui a des oreilles pour entendre, entende. » Il relevait le point suivant : certaines personnes changent quand elles entendent la vérité toute simple, elles ont « des oreilles pour entendre », tandis que pour d'autres, qu'importe la force de persuasion du message entendu, celui-ci n'a aucun effet sur eux. À mon avis, vous lisez ce livre parce que Dieu a déjà changé votre cœur et vous a donné beaucoup d'amour pour les indigents. Il suffit, pour la plupart d'entre nous, qu'on nous le rappelle. Je vous remercie K. P. de nous rappeler une fois de plus le privilège extraordinaire que nous avons de représenter Christ en œuvrant pour les pauvres.

Francis Chan, pasteur
Auteur du livre
crazy love amour fou

Découvrez-en davantage en ligne

À numériser avec votre téléphone
nolongeraslumdog.org

 Faites la rencontre des enfants et
écoutez leur récit de victoire!

www.**nolongeraslumdog**.org

Remerciements

De nombreuses personnes ont laissé leur empreinte dans ce texte et sur mon cœur alors qu'elles me racontaient leur vécu. Je pense à Doug Nichols qui m'a amené, il y a de nombreuses années, à m'engager à intercéder en faveur des enfants qui souffrent dans le monde. Je n'étais pas conscient de ce que mon consentement engendrerait et je suis certain que ce livre-ci est partiellement le fruit de ses prières.

À tout le personnel qui travaille dans les centres du Bridge of Hope de GFA, je vous remercie. Sans votre travail et vos prières, les enfants qui les fréquentent ne se seraient jamais épanouis et jamais nous ne saurions ce que la main du Seigneur a accompli.

Je remercie chacun de ceux qui ont permis à un enfant de sortir des ténèbres et de la pauvreté, et de marcher dans la lumière de Christ. Sans votre soutien, ces enfants souffriraient toujours.

Je remercie le personnel qui m'a accompagné durant l'écriture de ce livre. Vous avez consacré votre vie au travail acharné et à l'intercession pour toucher au moyen de l'Évangile l'ensemble de l'Asie du Sud.

Je te remercie John, car sans tes encouragements ce travail n'aurait probablement jamais vu le jour.

Kim, je te remercie d'avoir tout rassemblé au commencement et d'avoir réglé les derniers détails.

Megan, je te remercie pour ton labeur incessant entrepris par amour pendant des mois pour la transcription, la compilation et l'édition de ce livre.

Teresa, ma secrétaire de direction, je te remercie de ton engagement inébranlable dans la supervision de ce projet en t'assurant que le travail était effectué avec la passion qui m'anime pour ces enfants en situation de crise.

Je te remercie David pour ton aide précieuse quant à l'édition de ce livre.

Je te remercie Cindy pour la magnifique couverture. Elle me plaît de plus en plus depuis que je l'ai vu.

Je suis particulièrement redevable à ma femme Gisela. Sans ton encouragement, j'aurais trébuché bien plus souvent. J'ai été béni de ta présence constante et de ta fidélité plus que tu ne pourrais l'imaginer.

Par-dessus tout, je demeure reconnaissant au Seigneur Jésus Christ pour sa miséricorde et sa grâce constantes.

Termes et concepts

Aborigène

Les aborigènes sont les premiers peuples à occuper l'Inde. On les retrouve encore partout au pays, souvent dans les jungles, les montagnes et les forêts du territoire. Les aborigènes, comme les Dalits, sont exploités par les castes supérieures.

Aryen

La race aryenne, un groupe de personnes à la peau claire, a envahi l'Inde en venant de l'Eurasie il y a plus de 3 000 ans. Le nom « Aryen » signifie « royal » ou « noble ». Comme ces gens s'estimaient meilleurs que les peuples indigènes, le système des castes fut conçu dans le but d'éviter d'être « contaminé » par les indigènes à la peau plus foncée. Bien entendu, les Aryens se sont imposés comme la caste supérieure.

Autres castes arriérées (*Other Backward Castes – OBCs*)

Le terme *OBC* s'applique aux individus des plus basses castes qu'on appelle aussi les « shudra ». Les « autres castes arriérées » sont supérieures aux Dalits, mais elles sont toujours opprimées et réduites à la pauvreté. Les shudra sont considérés comme la caste des esclaves.

Bidonville

Étant donné qu'un nombre élevé d'habitants déménagent dans les villes dans l'espoir d'améliorer leur condition de vie, cette population augmente inévitablement plus rapidement que ce que le gouvernement peut soutenir. Par conséquent, des millions de personnes vivent dans la misère. Le nom donné aux endroits où habitent de telles personnes est « bidonville ». Ces gens sont sans abri, sans terre, sans installation sanitaire ou infrastructure et souvent sans éducation. Ce sont les Dalits et les personnes des autres castes arriérées qui vivent dans la plupart des bidonvilles.

Brahmane

Les brahmanes forment la caste supérieure de la religion hindoue. Bien qu'ils ne forment qu'environ cinq pour cent de la population totale, ils se taillent la part du lion relativement au pouvoir dans les domaines de la politique, de l'éducation et des affaires en Inde[1].

Bridge of Hope[1] de GFA

Le Bridge of Hope de GFA est le ministère auprès des enfants de Gospel for Asia International. Ce ministère permet aux enfants asiatiques les plus pauvres d'envisager un avenir plus radieux au moyen de l'éducation, de l'assistance physique et de l'Évangile de Jésus. Nous désirons aider au moins 500 000 enfants dans un avenir proche.

Caste/Système des castes

Selon l'hindouisme, les personnes ont une valeur intrinsèque et sont triées en différents groupes appelés « castes ». Ce système insidieux qui a servi à discriminer la population et à retourner les gens les uns contre les autres est fondé purement sur leur génétique.

Dalit/Intouchable

Le mot « dalit » signifie littéralement « brisé », « écrasé » ou « opprimé ». Dans la société hindoue, les Dalits se situent au barreau le plus bas de l'échelle. La vaste majorité d'entre eux est appauvrie, exploitée et dans l'impuissance de changer leur destinée. Considérés comme « pollués » et « impurs », ils sont appelés « intouchables ». S'il leur arrivait de toucher quelqu'un d'une caste supérieure, on supposait que cette dernière personne devenait contaminée. C'est pourquoi il n'est pas permis à la plupart des Dalits de boire l'eau des puits communautaires et on les décourage de fréquenter les écoles avec les autres élèves.

Hindou

L'hindouisme est la principale religion en Inde et le fondement qui assure la continuité de l'existence du système des castes.

[1] Gospel for Asia a choisi de ne pas traduire ce nom. (N.d.l.T.)

Introduction

Avez-vous visionné le film « Le pouilleux millionnaire[1] » qui a raflé de nombreux prix ? Vous devriez le regarder si ce n'est pas déjà fait. Je ne pense pas qu'il existe quelque chose qui m'a attristé autant que certaines scènes de ce film.

Dans le film, on voit la « cueillette » d'enfants des rues effectuée par un proxénète fourbe et cupide. Au fond, il veut les pousser à mendier et amasser de l'argent pour lui. Il en force même quelques-uns dans l'esclavage sexuel.

Une des parties les plus horribles du film est le moment où cet homme cruel rend aveugle un garçon de sept ou huit ans. Il a bel et bien versé de l'huile bouillante sur les yeux du garçonnet. Quelques années plus tard, on voit encore ce dernier en train de mendier, debout dans un tunnel sombre près d'une rue achalandée de Bombay. Pour ceux qui sont pris dans les cercles de la mendicité, il y a toujours la peur d'être mutilé par un patron afin de gagner davantage la sympathie des passants, car les enfants ainsi défigurés peuvent soutirer plus d'argent pour leur proxénète. Quoique ce traitement soit l'exception, il existe toutefois des millions d'enfants pris au piège de la mendicité. Je souhaiterais que ces scènes ne soient que de la fiction dans un film, mais ce qui est représenté est malheureusement réel pour un nombre incalculable de jeunes.

Chaque enfant mendiant possède un triste récit de la manière dont il s'est retrouvé sur les rues de Bombay, de Delhi, de Calcutta... et où ils sont exploités par ceux qui les découvrent.

Seulement en Inde, il existe 50 millions d'enfants qui travaillent à partir de l'âge de quatre ans[2]. Ils travaillent d'arrache-pied du matin au soir pour quelques pièces de monnaie, ne faisant souvent que dix à quinze cents par jour. La majorité d'entre eux sont des Dalits ou font partie des autres castes arriérées.

Ces enfants vivent en situation de grave crise et je vous assure que leur souffrance cause une immense douleur au cœur du Dieu vivant. En même temps, ils nous offrent la formidable opportunité d'apporter de l'espoir dans leur univers par l'amour de Christ. Ils font partie de la fenêtre 4-14, soit les 1,2 milliard d'enfants âgés de quatre à quatorze ans qui vivent sur notre planète[3]. En tant qu'imitateurs de Christ, le Seigneur nous dit de ne pas négliger, ignorer ou oublier ces chers enfants sans défense.

Gospel for Asia regroupe des missionnaires et des travailleurs sociaux qui œuvrent parmi le million d'habitants du bidonville de Dharavi à Bombay[4] où l'on a tourné le film « Le pouilleux millionnaire ». Ces personnes œuvrant pour Gospel for Asia tendent la main aux enfants comme eux partout en Asie du Sud. À ce jour (mars 2011), au nom de Christ, nous avons été capables de secourir 60 000 enfants d'une vie d'esclavage. Chacun d'eux est inscrit dans un centre « Bridge of Hope » de GFA. Mais qu'est-ce que cela représente en comparaison des millions d'enfants confinés à une vie de vagabondage sans espoir dans les rues?

Le cri de mon cœur est celui-ci : Seigneur, permets-nous de sauver au moins 500 000 enfants du désespoir et du sentiment d'impuissance. Veuillez nous aider à être parmi ceux qui sauvent ces garçonnets et ces fillettes d'être rendus aveugles, d'être mutilés, défigurés ou forcés à mendier dans les rues.

Je suis certain que votre cœur, comme le mien, peut ressentir la douleur de ces enfants chéris. Ensemble, nous avons le pouvoir de faire la différence, et nous la ferons. Nous nous devons!

Je vous remercie de vous associer à moi dans ce voyage où vous apprendrez à mieux connaître ces chers petits qui ont désespérément besoin d'espoir.

« *Un jour ou l'autre, espérez voir un homme affamé,*
espérez voir son regard quand enfin arrive le pain.
Espérez avoir pu le faire cuire ou avoir pu l'acheter ou
encore avoir pu le pétrir vous-même. Car pour ce regard
sur son visage, pour ses yeux qui rencontrent les vôtres
en offrant un morceau de pain, il se pourrait que vous
consentiez à beaucoup perdre ou à beaucoup souffrir ou à
mourir un peu, même. »

Daniel Berrigan[1]

CHAPITRE 1

ENFANCE VOLÉE

Muttu naquit dans une petite hutte d'un bidonville près de Madras. Ses parents moururent alors qu'il avait à peine sept ans. Son oncle amena donc Muttu et sa petite sœur vivre avec lui. Malheureusement, cet homme était un alcoolique et un toxicomane, et il les priva souvent de nourriture et abusa d'eux.

Un jour, les deux enfants furent amenés dans l'État voisin, le Kerala, et vendus à Rajan, un proxénète mafieux qui exploitait des enfants pour les faire mendier. Ils firent partie d'un groupe d'au moins dix autres enfants mendiants à peu près de leur âge. On les obligea à mendier dans les rues et à rendre tout l'argent amassé à Rajan. Muttu prit peur lorsque les autres enfants l'avertirent qu'il serait sévèrement battu s'il ne rapportait pas suffisamment d'argent.

Tous les soirs, souvent ivre, Rajan venait et prenait l'argent que les enfants avaient amassé ce jour même. Mais un jour, Muttu ne rapporta pas assez d'argent et cela déplut à l'homme qui devint furieux et battit le jeune garçon sans défense. Finalement, celui-ci fut traîné plus loin où Rajan continua de le punir. Le garçonnet hurla, alors le proxénète en colère lui ferma la bouche de force et prit un bidon de kérosène qu'il versa sur Muttu. Ensuite, il mit le feu au corps de l'enfant et le laissa mourir.

Heureusement, quelqu'un le trouva étendu inconscient et couvert de lambeaux, et l'amena à l'hôpital. Les brûlures couvraient plus de 50 pour cent de son corps. Même après avoir repris connaissance, Muttu fut incapable de dire un mot pendant plusieurs semaines et il souffrit une douleur atroce pendant des mois.

À la longue, Muttu se rétablit, mais il vit toujours dans la peur. Il dit que la pire partie de toute cette expérience est le tourment de ne pas savoir ce qui est arrivé à sa petite sœur.

Cette histoire parut d'abord dans *The Hindu*, le journal national indien, sous le titre *Un combat solitaire pour la vie*.

Il nous est même impossible de commencer à imaginer qu'une telle atrocité soit infligée à un enfant. Cet événement est si horrible et cruel qu'il est impensable. Mais ce qui est triste, c'est que cela s'est vraiment produit.

Quand j'entends des récits comme celui-ci, je revois ma propre vie dans mon enfance et je réfléchis aux multiples bénédictions et aux épreuves affrontées, ce qui m'aide à concevoir les choses sous une perspective différente.

Permettez-moi de vous poser la question suivante : quelle sorte d'enfance avez-vous vécue? Par exemple, vos parents commencèrent probablement à planifier votre arrivée avant même votre conception. De plus, on commença à vous prodiguer les soins médicaux alors que vous étiez encore dans le ventre de votre mère. Selon toute probabilité, votre mère vous donna naissance dans une salle d'hôpital aseptisée où elle fut entourée de médecins et d'un personnel infirmier bien formés.

Après un accouchement propre et sans danger, on vous amena sans doute à la maison dans une chambre décorée de papier peint et munie de couvertures de bébé toutes neuves. Non seulement on vous nourrit au besoin et l'on s'assura que vous soyez au chaud, propre et protégé des dangers, mais aussi, en prévention contre toute maladie sérieuse, on vous administra tous les vaccins nécessaires. Alors que vous grandissiez en bonne santé, on vous fournit des vêtements propres et des jouets.

Également, à l'âge scolaire, vos parents vous amenèrent au magasin pour vous acheter du matériel scolaire. Comme la plupart des enfants, votre maman vous envoya à l'école vêtu de beaux vêtements neufs et pourvu d'un dîner nourrissant. Par surcroît, elle vous y conduisit peut-être elle-même.

Est-ce que cette façon de traiter les enfants vous semble étrange ou inhabituelle ? Pas du tout. C'est tout à fait normal dans les pays et les foyers qui disposent de bons moyens financiers. Même en reconnaissant qu'il existe de malheureuses exceptions, je doute que quiconque lit ce livre conteste le fait qu'une telle sécurité, une telle provision et une telle éducation sont des droits acquis à la naissance.

Une réalité bien différente

Le vécu des enfants nés dans les pays en voie de développement est souvent loin de ressembler à la description précédente. En effet, cette tragédie moderne qui frappe des millions d'enfants impossibles à dénombrer, c'est qu'ils n'ont pas même vécu une seule de ces expériences dans leur enfance. Imaginez alors la situation suivante comme si c'était la vôtre :

Vos parents considérèrent votre conception à la fois comme une bénédiction et une malédiction. En fait, ils savaient qu'après quelques années il y aurait des mains en plus pour travailler, mais aussi que vous feriez peser une contrainte supplémentaire sur les maigres provisions alimentaires. Vos soins prénataux firent défaut, car aucun service médical n'existait dans le village isolé ou le bidonville où l'on vous vit naître et vos parents ne pouvaient pas se permettre de s'éloigner du domicile pour en trouver.

Après un accouchement laborieux pratiqué à domicile sur le plancher de terre battue de la cabane familiale, on vous essuya avec un chiffon sale ou un vieux journal, car vos parents n'apprirent

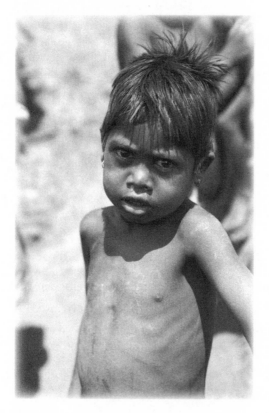

Un grand nombre d'enfants partout dans le monde sont continuellement tourmentés par la faim et la douleur. Leur corps lutte pour répondre aux exigences qui lui sont imposées.

jamais la plupart des règles d'hygiène.

Votre demeure était fabriquée à l'aide de bâches retenues par des tiges de bambou. Bien plus, elle était assez encombrée, car la famille entière vivait dans un espace de moins de trois mètres carrés. En plus, elle se trouvait juste à côté de la voie ferrée où le train arrivait dans un vacarme assourdissant toutes les dix minutes. Le sommeil était donc difficile à trouver dans ces conditions.

À votre naissance, vous étiez déjà mal nourri, car, à vrai dire, le peu de lait que votre mère était capable de vous donner ne suffisait pas pour assurer votre croissance. Vous souffririez peut-être aussi d'héméralopie attribuable à une carence en vitamine A.

Bien vite, votre maman dut reprendre son travail de nettoyage des rues effectué à l'aide d'un simple balai et son travail de lavage des vêtements d'autrui, car si elle ne travaillait pas, la famille ne mangeait pas. Par conséquent, une sœur ou un frère plus âgé s'occupait de vous. Quand on vous laissa ramper, vous exploriez sur vos mains et vos genoux les tranchées d'égout à ciel ouvert longeant l'allée qui sépare les cabanes environnantes. S'il vous arrivait de porter un vêtement, il était fait de chiffons trouvés dans le dépotoir adjacent d'où provenaient d'ailleurs tous les trésors domestiques.

Si, grâce à votre constitution robuste et à la providence, vous surviviez aux premières années de la vie, vous seriez peut-être vendu par vos parents à l'âge de cinq ou six ans pour la servitude pour dettes afin d'aider ceux-ci à se procurer le peu d'argent dont la famille avait désespérément besoin. Sinon, vous alliez probablement avec votre sœur ou votre frère fouiller les ordures pour trouver des chiffons, des bouteilles en plastique, des morceaux de métal ou tout ce qui pouvait être vendu pour quelques pièces de monnaie pour la survie de la famille. Vous étiez peut-être aussi devenu un mendiant ou même un voleur qui tente désespérément de tout faire juste pour manger.

L'école? Impossible même d'y songer, car votre maigre contribution au revenu familial était nécessaire uniquement pour survivre. De toute façon, aucun membre de la famille n'avait fréquenté l'école.

Vous pensez que j'exagère! Eh bien, non! Selon l'UNICEF, plus d'*un milliard d'enfants* dans le monde sont privés d'un ou de plusieurs de ces éléments essentiels : un abri adéquat, la nourriture, l'eau potable, une infrastructure sanitaire, des soins de santé ou l'éducation. Ces enfants vivent dans des conditions que vous et moi pouvons à peine imaginer[2].

> Voyez ce qu'il faut pour être un lecteur de première génération.
>
> ▶ Third-Grade Dropouts
> *(Élèves de 3e année abandonnent les études)*
> www.nolongeraslumdog.org

PAUVRETÉ EXTRÊME

Une telle situation semble inconcevable, pourtant des millions d'enfants connaissent un sort bien pire chaque année. Par exemple, votre mère, ayant perdu espoir de ne jamais être capable de prendre soin de vous, aurait pu un jour vous avoir précipitamment poussé dans un train en marche à destination de Delhi, de Bombay ou de Calcutta. À la fin du trajet, un employé du train vous aurait poussé dans les rues d'une mégaville alors que vous criiez en vain pour revoir votre maman. Une telle circonstance est difficilement imaginable, mais elle se produit vraiment. J'ai entendu cette histoire de la bouche même d'une fillette nommée Asha et voici son récit :

Je m'appelle Asha. Il y a six mois, ma sœur Lata et moi sommes montées dans un train avec notre mère. Elle nous a dit que nous allions à Bombay. Nous étions tout excitées parce que tous les films indiens sont tournés à Bombay! Nous aimons beaucoup regarder des films et nous avions toujours voulu aller nous promener en train.

Lata et moi, nous nous sommes frayées un chemin parmi les autres passagers et nous nous sommes assises sur notre siège, serrées contre notre mère. Nous avions énormément de plaisir à regarder les arbres et les champs défiler aux fenêtres. Puis, le train a fait un arrêt après l'autre aux jonctions le long de la route. Je ne connaissais pas le moment de notre arrivée, mais je croyais que ce serait bientôt, car le trajet avait été long. À l'un des arrêts, maman s'est levée et nous a dit : « Les filles, vous restez ici. Je vais chercher quelque chose à boire. » Mais après quelques minutes, le train s'est remis en marche et maman n'était pas encore revenue!

Nous avions tellement peur que nous ne savions pas quoi faire! Nous nous sommes tenues les mains ensemble et nous sommes restées le plus près possible l'une de l'autre. Nos cœurs battaient fort. Le train a quitté la jonction et roulait de plus en plus vite. Des heures ont passé. Où était maman? Personne ne semblait le savoir ou même s'en soucier.

Après beaucoup d'heures, le train s'est finalement arrêté à une grande station bruyante. J'étais en larmes. J'ai pris la décision de sortir. Il y avait des gens partout qui poussaient et bousculaient. Lata et moi sommes restées proches l'une de l'autre, mais nous ne savions pas où aller. Je pensais que quelqu'un nous aiderait peut-être, mais j'avais trop peur de parler à quelqu'un. Nous nous sommes assises ensemble dans un coin en attendant que quelque chose se passe. Je ne savais pas quoi. Nous avons attendu plusieurs heures.

Au coucher du soleil, une femme qui avait l'air gentille s'est approchée et nous a demandé ce qui n'allait pas. Nous lui avons dit que nous avions perdu notre mère. Elle nous a amenées à un refuge où nous pouvions rester, un endroit où se trouvaient aussi d'autres filles qui se sont perdues ou qui n'avaient plus de famille.

J'ai l'impression que beaucoup de temps est passé depuis ce jour. Notre mère ne nous a toujours pas retrouvées, mais je suis contente que nous soyons au refuge. Je ne sais pas ce qui nous serait arrivé si nous étions restées à la station.

Le choix d'abandonner leurs enfants en est un que certains parents sont presque forcés à faire étant donné l'extrême pauvreté qui existe dans les villages. Une recherche en ligne en révèle même davantage sur les situations horribles dans lesquelles les enfants de cette génération se trouvent pris au piège.

Rien qu'en Inde, onze millions d'enfants comme Asha furent abandonnés, dont 90 pour cent sont des filles[3]. Trois millions de ces enfants finissent par vivre dans les rues[4].

Nous fîmes la connaissance d'une de ces enfants de la rue à l'extérieur d'un de nos centres Bridge of Hope de GFA; elle vivait près des voies ferrées. Vers trois heures de l'après-midi, alors que tous les élèves retournaient à la maison, un des membres du personnel vit une fillette, debout toute seule, tête baissée qui sanglotait sans dire un mot. Elle avait tout au plus neuf ans.

L'enseignante s'approcha d'elle pour demander ce qui n'allait pas, mais elle était incapable d'arrêter de pleurer. À la fin, elle marmonna à peine ces mots : « Mon frère aussi est mort. » Puis, elle commença à déballer son histoire. Ses parents étaient morts quelques années auparavant, alors elle et son frère n'eurent pas d'autre choix que de vivre à proximité des voies ferrées jusqu'à ce que lui aussi meure récemment.

La fillette ajouta que les enfants avec lesquels elle avait

En raison de l'extrême pauvreté qui existe dans toute l'Asie du Sud, près de la moitié des enfants qui y habitent n'ont pas de refuge adéquat pour vivre. Quelques-uns possèdent une habitation fabriquée de matériaux amassés ici et là, tandis que d'autres dorment tout simplement dans les rues.

l'habitude de jouer étaient tous partis et l'avaient abandonnée pour fréquenter notre centre. Elle était venue demander : « Me prendriez-vous aussi? »

Bien entendu, on l'admit dans le centre. Mais la triste réalité est que la plupart des enfants comme elle ne trouvent pas d'endroit comme celui-ci où l'espoir peut naître.

Des millions d'enfants des bidonvilles de l'Asie du Sud ne vivent qu'avec un seul de leurs parents. Effectivement, d'innombrables parents moururent de maladies faciles à prévenir. Certains ne sont que surchargés de travail et leur corps succombe à l'épuisement et à la sous-alimentation. En outre, si le père n'y est plus, la survie de la famille devient encore plus difficile, car il existe une énorme stigmatisation sociale associée au veuvage d'une femme, ce qui fait en sorte que la maman obtient très difficilement un travail.

Même quand les deux parents sont vivants, ils passent tellement de temps à faire des petits travaux pour survivre, comme de nettoyer les rues ou de travailler dans le champ d'un propriétaire, qu'il ne leur reste que quelques heures en présence de leurs enfants. Par conséquent, ces derniers, placés dans de telles conditions, deviennent tapageurs et incontrôlables.

C'est exactement ce qui arriva à deux garçonnets qui vivaient dans un bidonville en Andhra Pradesh. Leur père avait laissé la famille seule afin d'aller à Bombay où il croyait faire un peu d'argent. Vichy et Tusli, âgés de neuf et sept ans, devinrent rapidement très désobéissants.

Comme un père attentionné, celui-ci avait laissé un peu d'argent à leur mère pour l'aider à prendre soin de la famille pendant son absence, soit une somme de 1 500 Rs IN (33 $ CA) que les garçons volèrent et gaspillèrent aussitôt.

Vichy et Tusli échappaient à tout contrôle. Ils flânaient dans le bidonville, volaient les gens, harcelaient les autres enfants et, en général, semaient le trouble. Tout le monde trouvait donc ces garçons insupportables, mais personne ne savait quoi faire. En réalité, beaucoup de gens les craignaient et ne désiraient pas s'attirer des ennuis.

Lorsque Yadav, le directeur du Bridge of Hope de GFA de la région, prit connaissance du sort lamentable de cette famille, le Seigneur lui mit à cœur d'aider ces deux enfants et il fit le nécessaire pour leur inscription au centre. Il fallut énormément de patience juste pour faire asseoir ces garçons indisciplinés pendant les leçons. Yadav consacra beaucoup de son temps à les aider et priait pour eux à mesure qu'il leur apprenait à vivre. Il leur inculqua lentement la discipline et leur montra du respect et

Sans éducation, les enfants pauvres ont très peu de possibilités d'échapper un jour aux difficultés dans les lesquelles ils sont pris au piège.

de la bonté alors qu'il transmettait les enseignements de la Bible.

Puis les garçons commencèrent à changer et finalement leur vie fut complètement transformée. Aujourd'hui, Vichy, le plus âgé des deux, aime rendre visite aux personnes qu'il avait l'habitude de harceler et il leur parle de l'amour de Christ. Au lieu de l'appeler la « petite peste », les habitants du bidonville l'appellent maintenant le « petit pasteur ».

Dieu est capable d'opérer des changements remarquables dans la vie de tels enfants et nous l'avons vu utiliser le Bridge of Hope de GFA pour apporter de l'espoir dans leur vie. Mais pour des millions d'enfants qui attendent encore dans les villages et les bidonvilles, il ne reste que peu de possibilités de changement à moins que nous les aidions dès que possible.

Dans la seule ville de Calcutta, on trouve plus de 100 000 enfants de la rue[5] qui ne connaissent ni leur père ni leur mère et qui ne reçoivent ni amour ni soins. Ils doivent subvenir à leurs propres besoins; ainsi, ils prennent tous les moyens nécessaires juste pour survivre.

Un des articles les plus scandaleux que j'ai lu parut dans l'*Indian Express* il y a quelques années. Il y avait en première page la photo d'un petit garçon à moitié nu, étendu sur le trottoir d'une rue achalandée. Puis, à côté de lui se trouvait un chien. En examinant la scène de plus près, je vis que c'était une chienne et que, en fait, le garçonnet tétait son lait. Et le titre se lisait ainsi : *Cette chienne est sa mère.* L'article de trois colonnes décrivait l'agonie déchirante dans laquelle les enfants sans abri se débattent tandis qu'ils tentent de survivre par eux-mêmes.

Cet article a paru il y a plusieurs années et je souhaiterais annoncer que les choses se sont améliorées, mais je ne le peux pas, car les médias continuent de parler autrement.

Au cours d'une de nos réunions de prières hebdomadaires, un membre du personnel présenta une histoire qu'il avait lue peu de temps auparavant sur le site Internet de la *BBC News*[6]. Il s'agissait de la photo de deux tout-petits de l'Inde du Nord, sans doute âgés de trois ou quatre ans. Leurs ventres étaient gonflés de 20 à 25 centimètres. Ils vivaient près d'une carrière où leurs parents travaillaient. Le salaire gagné par les heures de labeur éreintant ne suffisait qu'à payer un repas par jour. Alors, rongés par la faim, les enfants avaient mangé de la boue provenant de la carrière, ce qui les avait rendus malades. En fait, l'un des deux enfants présentait déjà des signes précoces d'insuffisance rénale.

La vue d'une telle souffrance me brise le cœur, particulièrement parce que je sais que la durée de cette situation dépasse celle de ma propre vie.

EXPLOITATION CRUELLE

Les enfants des pays sous-développés sont souvent les victimes d'une cruelle exploitation manifestée sous diverses formes. Partout dans le monde, plus de 150 millions d'enfants âgés de quatre à quatorze ans travaillent[7]. Il existe 1,2 million d'enfants achetés et vendus chaque année[8]. Ceux qui finissent dans les rues sont aussitôt recueillis, comme les garçons du film *Le pouilleux millionnaire* et ils sont contraints dans un cercle vicieux de mendicité ou de tout autre dur labeur. Les enfants travailleurs de l'Asie du Sud travaillent comme des forçats pour fabriquer des feux d'artifice, tordre des fibres de tapis ou fabriquer des allumettes dans des usines rudimentaires. Ils passent leurs journées dans des carrières ou des mines de charbon, dans des champs de riz, des plantations de thé ou des pâturages.

Une jeune fille travaillait d'arrache-pied dans les champs d'une ferme qui cultive les graines de coton dans l'Asie du Sud et gagnait 20 cents l'heure. Cette adolescente de quinze ans était continuellement exposée aux pesticides hautement toxiques pulvérisés sur les champs chaque semaine où elle travaillait depuis l'âge de dix ans. Elle commença à travailler lorsque son père se suicida après avoir contracté d'énormes dettes[9].

Un article paru dans la revue *Forbes* parle de six à huit jeunes garçons entassés dans une pièce dont la dimension n'excède pas celle d'un grand lit. Ils travaillent seize heures par jour à décorer des cadres de photo, des agendas, des talons de souliers et d'autres objets semblables avec des paillettes et des morceaux de verre. Quelques-uns n'ont que cinq ans. Ils demeurent dans la même pièce et cuisinent ensemble. Leurs revenus mensuels réunis s'élèvent parfois à 76 $ CA[10], ce qui signifie que chaque enfant ne gagne que 9,50 $ CA par mois!

Le pire des sorts est celui des fillettes qui sont prises au piège de la prostitution. Quelques-unes sont enlevées ou trompées dans ce but. En effet, des parents vendent parfois leur fille de la même façon dont les enfants sont vendus pour la servitude pour dettes. D'autres sont consacrées par leurs parents comme une sorte d'offrande. Le livre intitulé *Dalit Freedom* (*La liberté aux Dalits*) fait la lumière sur cette pratique.

> Des milliers de petites filles intouchables âgées de six à huit ans sont forcées à devenir les servantes de la divinité (devadasis, « jogins », une pratique religieuse hindoue en Andhra Pradesh, au

Karnataka, au Maharashtra, en Orissa et bien d'autres États). Elles sont retirées de leur famille et l'on ne les revoit plus jamais. Plus tard, les prêtres du temple les violent et les vendent finalement en secret aux enchères pour la prostitution où, en dernier lieu, elles meurent[11].

D'autres filles et quelques garçons sont simplement capturés dans les rues ou enlevés de leur demeure. Il existe plus de 1,2 million d'enfants impliqués dans la prostitution dans tout le sous-continent indien. Une multitude d'entre eux proviennent du Népal ou du Bangladesh[12]. L'Aide internationale pour l'enfance explique :

> Le recrutement des enfants destinés à la prostitution se fait selon les mêmes procédés que pour le recrutement de la main-d'œuvre enfantine, et l'on assiste souvent à des achats et des ventes d'enfants. Beaucoup d'enfants sont aussi tout simplement kidnappés. [...] Les fillettes se retrouvent dans des maisons closes ou dans des réseaux nationaux, puis internationaux de prostitution. Elles doivent rembourser l'avance consentie, alourdie d'un intérêt si important que la dette devient éternelle. Elles sont réduites à jamais à l'esclavage sexuel en raison de cette dette qui grandit de jour en jour. [...]La plupart de ces enfants souffrent de troubles physiques et psychologiques graves. Leur espérance de vie n'atteint pas quinze ans[13].

Mon cœur saigne quand j'entends parler de ce qui arrive aux

Des millions d'enfants sont pris au piège de la servitude pour dettes, ou vendus pour la prostitution ou encore abandonnés chaque année.

innocentes créatures de Dieu. Il est difficile de croire que ces situations ne sortent pas tout droit d'un roman ou d'un film ou même d'un cauchemar. C'est pourtant bien la réalité, le vécu de millions d'enfants du monde à l'heure actuelle.

La raison d'être de tant de brutalité, de douleur, de mauvais traitements et de toutes les souffrances est, en un mot, le péché. Ce genre d'agonie ne ressemble aucunement à la vie à laquelle Dieu nous destina quand il nous créa. Mais Satan ne vient que pour dérober, égorger et détruire (voir Jean 10.10), et il est la source de cette douleur. Il garde ces enfants dans la souffrance et la pauvreté. C'est pourquoi, lorsque vous regarderez leurs visages, vous y lirez non pas l'innocence et la confiance, mais plutôt la faim, la douleur, la méfiance et la crainte.

Devant tant de détresse, des questions nous viennent à l'esprit. Pourquoi cela arrive-t-il? Existe-t-il une solution à leur souffrance? Qui sont ces enfants désespérés en situation de crise? Que pouvons-nous faire pour leur donner de l'espoir?

« Tu entends les vœux de ceux qui souffrent, ô Éternel! Tu affermis leur cœur; tu prêtes l'oreille pour rendre justice à l'orphelin et à l'opprimé, afin que l'homme tiré de la terre cesse d'inspirer l'effroi. » (Psaume 10.17-18, Seg)

« *L*a plus grande maladie de notre temps n'est pas la lèpre ou la tuberculose, mais plutôt le sentiment de rejet. »

Mère Teresa[1]

CHAPITRE 2

*C*HIEN DE DE BIDONVILLE UN JOUR, *CHIEN DE BIDONVILLE* TOUJOURS

Il est reconnu que les habitants du Bihar, l'État le plus pauvre de l'Inde du Nord-Ouest, vivent dans la privation et la misère. Les Dalits, peuple désespérément pauvre, les aborigènes et les personnes faisant partie des autres castes arriérées représentent la majorité de la population.

Il y a quelques années, le récit d'une situation qui reflète une fois de plus la condition de ce peuple désespéré et souffrant parut dans un journal national. C'était l'histoire tragique d'une jeune mère indigente qui vendit son nouveau-né en échange de 4,5 kg de riz!

J'avais bien de la peine à croire ce que je lisais. On avait aussi publié une photo de cette jeune femme fragile, mais vraiment jolie, peut-être dans la mi-vingtaine. Elle pleurait à chaudes larmes en déclarant au reporter : « Je veux ravoir mon bébé! »

À la question : « Mais pourquoi vendriez-vous votre bébé au prix de 4,5 kg de riz? », sa réponse fut encore plus déconcertante. Elle répondit : « Que faire d'autre? Les gens comme nous meurent de faim... du moins, mon bébé vivra. Je vais mourir de toute façon, comme bien d'autres ici. Même les 4,5 kg de riz ne me sauveront pas la vie! » La pauvreté, la douleur et le désespoir étaient gravés sur son visage et sur celui de son entourage.

QUI SONT CES PERSONNES?

Ce sont les Dalits et ceux des autres castes arriérées. Ils doivent malmener leur corps sous-alimenté en travaillant à toutes heures du jour juste pour gagner suffisamment d'argent pour se payer un repas. Pourquoi donc? C'est plus qu'une simple question de pauvreté, bien qu'ils comptent parmi la population la plus pauvre au monde. C'est aussi plus qu'une simple question de manque d'éducation, bien que seulement 30 pour cent d'entre eux soit en mesure de lire[2]. Le système des castes en est la cause ainsi que le fait qu'ils n'en font pas partie.

Ce style de vie oppressif envers les personnes les plus appauvries au monde commença lors de l'arrivée des Aryens en Inde dans les années 1500 av. J.-C. Puisque ces derniers s'estimaient être une race supérieure, ils conçurent un système cruel afin d'éviter d'être « contaminés » par les peuples autochtones. Ce système favorisa aussi le contrôle de la population en faisant en sorte que chacun perçoive l'autre à travers le prisme déformant de l'inégalité.

Grâce à cette tactique, les Aryens furent rapidement capables de devenir une minorité riche et hautement éduquée. Au lieu d'utiliser des armes physiques, ils eurent recours à cet outil complexe appelé le système des castes. Ce système enseignait que les gens renaissaient à partir des différentes parties du corps de leur dieu Brahma et, par conséquent, que chacun avait une valeur différente de celle des autres.

Des millénaires plus tard, les gens croient toujours que ceux qui sont issus de la tête, des bras ou des épaules de Brahma sont intrinsèquement meilleurs que ceux qui proviennent du torse, des jambes ou des pieds. Cette croyance constitue la prémisse et la justification de l'abus subi par les personnes des castes inférieures.

Le système des castes établit aussi une division fondée sur les rôles ou le travail effectué. Voici les quatre principales castes, de la plus haute à la plus basse : les brahmanes (prêtres et enseignants), les kshatriya (dirigeants et guerriers), les vaisya (marchands et commerçants) et les sudra (travailleurs et serviteurs). Il existe à l'intérieur de ces quatre castes principales d'innombrables sous-castes qui subdivisent et catégorisent davantage la population hindoue.

La caste est déterminée à la naissance. Par exemple, si vos parents faisaient partie d'une haute caste, vous appartiendriez aussi à cette caste. Toutefois, si vos parents faisaient partie d'une basse caste, vous appartiendriez donc à cette même caste. Ainsi, vous grandiriez en apprenant à craindre et à respecter ceux des castes supérieures et à mépriser ceux des castes inférieures.

Aucune occasion d'avancement n'est possible, ni aucun espoir d'acquérir une plus grande valeur personnelle un jour. Le statut qui vous est attribué à la naissance est celui que vous aurez pendant toute votre vie.

Votre caste influe non seulement sur votre valeur personnelle, mais aussi sur le travail qu'il vous est permis d'effectuer, les vêtements qu'il vous est possible de porter, l'endroit où vous êtes en mesure d'adorer, la personne qu'on vous autorise de marier, l'endroit où vous pouvez vous procurer de l'eau et le genre d'éducation que vous pouvez espérer recevoir.

Ce système omniprésent fait d'ostracisme social et de préjugés sert de ciment qui maintient chacun à la place qui lui est assignée, même en Inde moderne où la discrimination fondée sur le système des castes est officiellement prohibée par la loi.

Le système des castes, bien qu'il soit officiellement déclaré illégal en Inde, est toujours une source principale d'identité sociale et d'ostracisme. De nombreux enfants souffrent donc à cause de ce système.

LES BAS-FONDS

Au plus bas du système, en dessous des quatre castes et de toutes les sous-castes, il existe un groupe de personnes qu'on appelle « les intouchables » ou « les Dalits ». Le mot « dalit » signifie « opprimé » ou « brisé ». Les gens des autres castes les considèrent comme moins que des humains, comme des impurs dès la naissance et croient qu'ils ne méritent que le mépris. Voici tout ce que signifie le fait d'être un « intouchable » : une personne d'une caste supérieure n'a pas le droit de vous toucher et pareillement vous n'avez pas le droit de la toucher, car tout ce qui entre en contact avec vous est déclaré impur. Ou encore, toute personne qui se rabaisserait suffisamment pour vous donner à manger ou à boire vous servira certainement dans un plat jetable bon marché. De plus, on s'attend à ce que *vous* jetiez ce que vous venez à peine de « contaminer ».

L'accès aux puits publics est souvent interdit aux Dalits en raison de cette crainte de contamination. J'ai lu dans un article publié le 25 octobre 2010 qu'on a infligé une amende de 15 000 Rs IN (330 $ CA) à chacun des trois hommes dalits qui avaient bu l'eau d'une fontaine publique utilisée par les gens des castes supérieures[3].

La plupart de ces peuples exploités vivent dans des villages et des communautés rurales et travaillent comme des esclaves pour survivre. Mais il existe aussi des millions de Dalits et des gens des autres castes arriérées qui tentent de vivre entassés dans les bidonvilles. Ceux qui, à distance, regardent les personnes qui vivent dans les bidonvilles commencèrent à les concevoir comme des animaux sauvages errant dans les rues étroites et sales. C'est de là que provient le nom « chien de bidonville ».

Il m'est impossible d'imaginer parfaitement la vie d'un Dalit, même après tout ce que j'ai vu et lu sur le sujet. Le poème suivant permet de jeter de la lumière sur le genre d'existence menée par ces habitants. Il est écrit du point de vue d'un de leurs enfants.

Je ne suis pas même une âme
Ma vie vaut moins que rien
Parmi les intouchables je suis né
Enfant dalit, mon sort est scellé.

Dans le bidonville je suis né
Des droits? Nous n'en avons pas
Aux castes supérieures nos vies sont liées
Esclaves au service de tous leurs caprices.

Pauvreté et faim
Voilà tout ce qui est mien!
S'il existe de l'espoir
Dites-moi comment l'avoir.

Quelle est ma destinée?
En ai-je une?
De la lumière, aucune
J'aimerais ne pas être né[4].

Pendant 3 000 ans, des centaines de millions d'intouchables ont souffert de l'esclavage et de l'oppression de la part de leurs compatriotes. Ainsi, un grand nombre d'intouchables croient véritablement qu'ils ont mérité ce genre de vie et qu'ils n'ont pas le droit de s'attendre qu'il en soit autrement.

DÉCISIONS DÉCHIRANTES

Les Dalits sont souvent forcés à prendre des mesures extrêmes dans le seul but de joindre les deux bouts. Je ne sais pas comment ils parviennent à prendre ces décisions déchirantes comme, par exemple, celle de donner un fils ou une fille de huit ans afin que l'enfant devienne un travailleur en servitude pour dettes pour un propriétaire d'une caste supérieure ou pour la vente de leur corps en tant que prostitué. Puis, ces parents doivent vivre avec l'angoisse mentale causée par de tels choix.

J'entendis récemment parler d'une jeune femme qui dut prendre une telle décision. En l'an 2000, Geeta se maria au jeune âge de 17 ans. Elle eut sa première fille dès l'année suivante, en 2001. Peu de temps après leur mariage, son mari perdit son emploi, puis il participa à des activités illégales et devint alcoolique. Au début de l'an 2003, il quitta Geeta alors qu'elle était enceinte de leur deuxième enfant, un fils.

Entièrement seule, Geeta commença d'aller de maison en maison pour laver la vaisselle afin de faire un peu d'argent. Elle fabriquait aussi des guirlandes de fleurs pour les vendre, mais cela ne suffisait jamais. Personne ne l'aidait et elle faisait face à cette vie difficile toute seule.

Puisqu'ils vivaient dans les bidonvilles, elle avait l'impression que le caractère de ses enfants se dégradait et que leur avenir s'annonçait plutôt sombre. Ils étaient souvent affamés ou sous-alimentés. Il était difficile de payer le loyer et il était tout à fait impossible d'envoyer les enfants à l'école. Geeta espérait que sa situation s'améliore, mais elle ne fit que s'empirer. À la fin, elle devint si désespérée qu'elle considéra sérieusement vendre son corps au ventre affamé pour la prostitution.

C'est dans ce contexte crucial, en 2006, que Gospel for Asia ouvrit un centre Bridge of Hope de GFA dans le bidonville où vit Geeta. Ses deux enfants y furent inscrits et ils eurent finalement non seulement une éducation et de la nourriture, mais aussi un endroit stable et sécuritaire pour grandir. Ils commencèrent à s'épanouir grâce aux enseignements de Christ.

Les membres de notre personnel prodiguèrent des conseils à Geeta et ils prièrent souvent avec elle. Dieu, dans sa grâce, lui donna un travail dans une usine. Et maintenant que ses enfants sont abrités dans le centre Bridge of Hope de GFA, ils ont aussi un avenir prometteur.

Voir la vie avec les yeux de Geeta. Espoir nouveau pour une veuve de bidonville www.nolongeraslumdog.org]

Je loue Dieu d'avoir secouru Geeta de l'agonie causée par une prise de décision aussi terrible. Toutefois, il y en a encore une multitude qui n'a que peu de possibilités d'emploi. Ils sont prêts à tout pour gagner assez d'argent pour manger.

Travail intense

Les menus travaux les plus crasseux et les plus dégradants de la société sont relégués aux Dalits. En effet, ce sont eux qui font les récoltes manuellement dans les champs et travaillent des heures à s'éreinter le dos. Ce sont eux aussi qui nettoient, mains nues, les toilettes, les latrines et les canalisations d'égout qui se trouvent à ciel ouvert.

Je me rappelle avoir entendu la peine d'un garçonnet inscrit dans un centre Bridge of Hope de GFA et qui avait perdu sa mère. Elle faisait un travail éreintant et peinait toute la journée. Elle allait ramasser du bois sec dans la forêt adjacente. Puis elle le transportait

Pour en apprendre davantage sur « La ramasseuse de branches » La ramasseuse de branches www.nolongeraslumdog.org

sur sa tête jusqu'au marché avoisinant afin de le vendre comme bois de chauffage. Tout ce travail ne permettait de gagner que quelques roupies, ce qui n'était jamais vraiment suffisant pour nourrir leur ventre creux et endolori. Je me rappelle avoir éprouvé sa douleur et avoir alors écrit le poème suivant :

Corps frêle à la peau foncée, c'était ma mère,
Les yeux creux de douleur
Elle se retourne et nous regarde
Tandis qu'elle disparaît dans la forêt.

En cette fin d'après-midi
Nous, les enfants, n'avions rien mangé de la journée.
Nous attendions et guettions notre mère
Qui reviendrait avec les vivres après la vente des branches.

Notre père partit dans un État voisin
Chercher du travail de porteur
Car pour des intouchables comme nous ici
Il n'y a d'autre corvée que de nettoyer les latrines.

La pauvreté et la faim sévirent
Ma mère mourut sans être secourue
Mes frères et moi ne savions que faire
Nous flânions par les rues toute la journée.

Homme brisé, notre père revint au foyer
Nous serra dans ses bras nous baignant de larmes amères
Il reste assis, le regard fixe, dans l'obscurité

Et se marmonne je ne sais trop quoi.

Le soleil s'est levé, porteur d'espoir
Quelques personnes vraiment aimables nous ont amenés à
l'école.
Au début, je ne savais pas grand-chose
Maintenant je sais que l'espoir naît.

Mes yeux cherchent souvent ma mère
J'ai du chagrin et encore je pleure
Quand je vois une vendeuse de bois à la peau foncée
Je souhaiterais tant avoir de l'argent pour acheter ses
branches[5].

Nous souhaiterions tous aussi pouvoir l'aider d'une façon ou
d'une autre.

Je suis tellement content de ce que ce garçon fut capable
de trouver de l'espoir au cœur de sa douleur. Mais il y en a tant
d'autres qui n'ont pas encore entendu parler de ce Dieu d'espoir
et sont accablés sous le fardeau qu'ils portent, car ils pensent que
seule une vie de souffrance leur est réservée.

Dépossédés de tout droit

Les droits humains les plus fondamentaux sont habituellement
déniés à ceux qui sont au bas de la hiérarchie sociale. La violence
est monnaie courante et les actes d'oppression commis contre les
Dalits sont si omniprésents que le pouvoir législatif indien émit
la loi relative à la prévention des atrocités qui précise l'illégalité

Exclus du système des castes, les « intouchables » accomplissent toutes les tâches que les autres considèrent comme « impures », entre autres, celle de ramasser les cadavres et les déchets humains, et d'effectuer les travaux à forte intensité de main-d'œuvre. À l'exemple de la femme mentionnée dans le poème, on peut souvent voir des personnes qui transportent de lourdes charges qui épuisent leur corps frêle.

d'actes tels que de parader des gens nus dans les rues, les forcer à manger leurs excréments ou de détruire leur maison par le feu. Néanmoins, des milliers d'actes d'humiliation publique et de violence commise en groupe comme le lynchage et le viol collectif continuent de se produire. Par conséquent, il semble que les règles de l'intouchabilité ne s'appliquent pas aux actes de violence ou à l'agression sexuelle commis contre les Dalits.

Un Dalit pourrait être battu à mort seulement parce qu'il demanderait son salaire quotidien. Le 16 juin 2009, un article du journal le *Thaindian News* parlait d'un travailleur dalit de 48 ans attaqué par un groupe d'hommes en Uttar Pradesh après avoir réclamé son salaire déjà retenu depuis un mois entier. Ces cinq hommes attaquèrent et tuèrent l'ouvrier dalit en le battant sans pitié avec des bâtons[6].

Dans l'ensemble, les Dalits n'ont personne vers qui se tourner pour obtenir de l'aide. Puisqu'ils sont au bas de la fameuse échelle sociale, il est très peu probable que leur cause soit entendue devant les tribunaux un jour.

On dénonce rarement aux autorités les crimes perpétrés contre les Dalits par crainte de représailles. Malheureusement, le personnel de la police va souvent fermer les yeux même lorsqu'il connaît toute l'histoire.

Je me souviens d'avoir entendu parler d'une Dalite violée par plusieurs hommes. Les agresseurs avaient dit à ses parents de ne pas signaler le délit à la police, mais ceux-ci le firent tout de même. Quelques jours plus tard, les parents trouvèrent leur fille morte dans un champ.

Il nous est presque impossible d'imaginer l'angoisse mentale dans laquelle vivent les Dalits qui grandissent en tant qu'enfant dans une société qui les considère comme des biens consomptibles, sans valeur et qui sont traités avec mépris. Il faut nous hâter d'atteindre ceux qui vivent continuellement dans la douleur et l'obscurité. Pire encore que tous les mauvais traitements, que tous les actes de discrimination, le travail éreintant et la faim constante est le sentiment de désespoir qu'ils éprouvent chaque jour.

EMPRISONNÉS DANS LE CERCLE VICIEUX

Beaucoup trop de Dalits sont pris au piège de la servitude pour dettes qui est une sorte de disposition prise auprès de serviteurs à forfait par laquelle les familles pauvres ont la possibilité de payer une dette en effectuant du travail. Dans l'espoir de rembourser les dettes plus rapidement, non seulement les parents participent aux travaux, mais aussi leurs enfants. En général, la famille au complet travaillera pour le prêteur qui appartient habituellement à une caste supérieure.

Certaines familles se vendirent pour la servitude alors que les parents étaient encore des enfants et ils n'en sont jamais sortis. La dette contractée auprès d'un propriétaire ou d'un employeur est parfois petite, mais le taux d'intérêt exigé est souvent supérieur à leur salaire. Ainsi, il ne leur est jamais possible de rembourser ce qu'ils doivent. Ce constat est particulièrement vrai si ces personnes pauvres sont illettrées, comme il arrive souvent. Celles-ci sont donc incapables de tenir un registre du travail qu'elles ont fait, du montant qu'elles doivent ou du montant déjà remboursé, car elles ne savent ni lire ni écrire. Mais au-delà des dettes et de la servitude pour dettes dans lesquelles elles sont prises au piège, l'état d'esprit de ces personnes est aussi maintenu en captivité.

Le conditionnement du comportement s'opère à peu près de cette façon-ci : attachez un chien à un piquet et il tournera autour en cercle. Après une longue période de temps, il vous est effectivement possible de retirer le piquet et le chien continuera de tourner en rond à l'intérieur du même cercle. Il ne pense même plus à aller dans le champ parce qu'il est habitué aux limites imposées par la corde. Puisqu'il accepte le fait de ne pas pouvoir s'éloigner, il refrène donc toute tentative.

Pareillement, les Dalits ont vécu leur vie entière en croyant qu'il n'y a rien de mieux pour eux, qu'il n'y a aucun espoir de changement ou de liberté. Selon eux, ils ont le sentiment que

Des millions de personnes sont prises au piège de leur caste, emprisonnées dans l'état d'esprit voulant qu'il soit impossible que les choses changent maintenant ou à l'avenir.

leur destinée est vraiment « *chien de bidonville* un jour, *chien de bidonville* toujours ».

Niran John Das a grandi dans une telle réalité jusqu'à ce qu'un jour tout soit changé.

Je suis né et j'ai été élevé parmi les Dalits où nous étions très opprimés et bafoués par les gens des castes supérieures. Il existe une foule de personnes qui observent les règles de l'intouchabilité ici et qui, par conséquent, ne partageront rien du tout avec quelqu'un d'une basse caste, ni banc ni nourriture.

Je suis allé à l'école jusqu'à la troisième année, mais j'ai dû arrêter quand mon père a perdu la santé. Du jour au lendemain, il n'y avait plus personne pour subvenir aux besoins de la famille, c'est pourquoi, étant le fils aîné, j'ai dû commencer à travailler. Mes rêves ont été complètement brisés. J'ai travaillé dans la construction résidentielle à fabriquer et à transporter des briques ou dans des champs d'orge et de blé.

Nous ne mangions ni le matin ni le midi. Le seul repas que nous avions était celui du soir. J'étais tellement blessé et triste de voir que nous travaillions fort toute la journée, mais que nous ne gagnions assez d'argent que pour un repas tandis que les autres qui ne travaillaient pas aussi fort avaient plus qu'ils en avaient besoin. On nous payait parfois en retard, et alors il n'y avait pas de nourriture à la maison.

Il nous arrivait de contracter une dette afin de payer notre loyer ce qui nous obligeait à travailler davantage. Vous savez, c'est une sorte de cercle vicieux. Vous accumulez une dette et vous travaillez. Vous êtes incapable de repayer alors vous continuez de travailler pour eux. Et c'est ce qui avait l'habitude de nous arriver.

Même quand la santé de mon père s'est assez améliorée pour travailler de nouveau, nous n'avions tout de même pas l'argent pour nous envoyer à l'école, car notre famille s'était agrandie et nos besoins avaient augmenté. Mon père est donc allé à l'État voisin pour chercher de l'emploi et il m'a amené avec lui.

Pendant notre séjour là-bas, il a connu le Seigneur Jésus et il est ainsi devenu le premier croyant de notre village. Mon père avait l'habitude de prier, de lire la Bible et de m'amener à l'église. Mais cela ne m'intéressait pas à ce moment-là et je suis retourné dans mon village natal.

Plus tard, je me suis marié et nous travaillions tous les deux pour les propriétaires. Je me demandais toujours quand la situation allait s'améliorer. Il fallait que je sois libéré de cette forme d'esclavage.

À vrai dire, c'est vraiment de l'esclavage, mais le problème était celui-ci : même si je désirais être libéré de cet esclavage, je ne le pouvais pas, car nous n'avions pas reçu d'éducation. Je ne savais pas comment être libéré. Je désirais la liberté, mais il n'y avait aucun moyen de sortir de cette situation. Parmi le peuple avec lequel j'ai grandi, c'est ce qu'on appelle le destin. Il m'était impossible de devenir une personne appartenant à une caste supérieure parce que le cercle vicieux existe toujours et c'est donc aussi ce que je croyais. Cette vie était tout à fait normale pour nous.

Après quelques années, je suis tombé tellement malade que je ne pouvais pas même distinguer l'est de l'ouest et j'avais de la peine à me tenir debout. Ma famille a fait toutes sortes de pujas et de rituels pour ma guérison, mais rien n'a changé. Mon père est venu et il a prié pendant six ans pour ma guérison. Il m'a parlé de l'Évangile et il m'encourageait. Cependant, une nuit, il a demandé à certains autres chrétiens qu'il connaissait de prier pour ma guérison. Ma famille qui ne connaissait pas le Seigneur a dit : « Si Jésus peut le guérir, alors nous accepterons Jésus comme notre Sauveur. » Voilà le défi qu'ils avaient posé.

Pendant que mon père priait, un sentiment étrange m'a envahi. Le matin suivant, j'étais capable de me promener à vélo de nouveau. J'étais complètement guéri! Le village entier était frappé de

*stupeur. Les gens ne savaient pas que Christ avait la
puissance d'accomplir une chose aussi étonnante.*

*Grâce à ce miracle, j'ai donné ma vie au Seigneur.
J'ai aussi compris que j'étais libéré de l'esclavage du
système des castes. En Christ, il n'existe pas de haute
caste ni de basse caste. Et si la barrière n'existe pas, je
ne suis plus esclave. Je ne suis libre qu'en Christ.*

Voilà ce que j'aime. Mon plus cher désir est d'aller vers les habitants du village ici et de leur faire prendre conscience qu'il nous est possible d'être libérés. Si les gens peuvent se rendre compte qu'il n'y a aucune différence entre les personnes, qu'elles fassent partie des Dalits ou plutôt de la haute société, leur esclavage sera aboli. Leurs yeux seront ouverts. Je prie donc sans cesse, chaque jour, pour que les habitants de mon village découvrent que nous sommes tous égaux en Christ.

Je loue Dieu de ce que la mentalité imprégnée d'un cycle d'oppression dans laquelle Niran John Das vécut toute sa vie fut finalement brisée par l'amour insurpassable de Christ. Cet homme fut complètement transformé. Auparavant, il pensait que sa vie était sans valeur et qu'il était destiné à l'esclavage perpétuel, mais maintenant il a retrouvé sa dignité et la liberté en Christ. Je prie pour que ce miracle s'accomplisse dans la vie de beaucoup d'autres personnes, des centaines de milliers d'autres!

Découvrez plus d'informations concernant ce que Dieu accomplit maintenant par la vie de Niran John Das.

▶ Trois minutes dans un village dalit.

www.nolongeraslumdog.org

Un fléau actuel

La plupart de ces pauvres enfants qui mendient dans les rues des villes de l'Asie du Sud, qui travaillent durement dans les champs et les usines ou qui meurent mille fois en tant qu'enfants prostitués sont des Dalits. Ils sont les plus défavorisés des défavorisés, les moindres des moindres, les tout-petits qui sont impuissants à changer leur univers. C'est pourquoi ils demeurent toujours dans la même condition, pris au piège dans les bidonvilles et les champs d'Asie.

Il y a environ *250 millions* de Dalits en Inde aujourd'hui, ce qui signifie que presque 20 pour cent des habitants de l'Inde sont considérés comme moins que des humains et sont traités comme des chiens[7]. Soixante-dix pour cent des Dalits vivent sous le seuil de pauvreté et tout au plus trois pour cent des femmes dalites peuvent lire et écrire[8].

Il existe, juste au-dessus des Dalits sur l'échelle des castes, un autre groupe immense de personnes qu'on estime à un autre 500 millions[9]. Elles appartiennent aux « autres castes arriérées ». Ces personnes aussi souffrent d'abus et d'injustice de la part de la caste supérieure minoritaire. Ces deux groupes réunis représentent une population qui est bien plus nombreuse que deux fois celle des États-Unis. En fait, plus d'une personne sur dix qui vit sur la planète Terre aujourd'hui est un Dalit ou quelqu'un faisant partie d'une autre caste arriérée.

Êtes-vous capable de penser à un système qui, dans l'histoire, eut un impact aussi défavorable sur un aussi fort pourcentage de la population mondiale qu'en a ce fléau qu'est le système des castes ? J'en suis incapable.

Ces masses humaines grandirent sans avoir entendu parler de

l'amour de Jésus. Ils ne connaissent pas la paix et ils se doutent au fond que quelque chose ne tourne pas rond, mais ils ne savent pas comment changer les choses. Ils sont les gens « inquiets et abattus » dont Jésus parla dans Matthieu 9.36.

Parmi ces foules, Indrani est l'une de ces femmes. Elle grandit dans une famille tzigane dalite et voyageait d'un endroit à l'autre. Ses parents lui enseignèrent à boire quand elle était une fillette et aussi à fumer, à utiliser le jeu pour faire de l'argent et à mendier. Elle croyait donc que cette manière d'agir était normale. Plus tard, elle vécut dans une petite hutte que le gouvernement avait donnée à son clan. À l'occasion, elle gagnait 50 Rs IN par jour (1,10 $ CA) en mendiant et son mari gagnait environ 100 Rs IN par jour (2,20 $ CA) en travaillant à des clôtures. Ils avaient huit enfants, toutes des filles.

Indrani ne voulait pas élever ses filles de la même façon dont elle l'avait été, mais elle ne savait pas comment agir pour que leur vie soit différente. Heureusement, elle rencontra un missionnaire du nom de Joseph qui lui parla du Bridge of Hope de GFA. Ses filles furent aussitôt inscrites.

Au centre, on leur enseigna au sujet de Christ. Elles apprirent également l'hygiène, la discipline et les bonnes manières, la lecture, le respect ainsi que la maitrise de soi en général. Mais l'apprentissage des filles ne profita pas qu'à elles seules, car elles appliquèrent aussi les leçons à la maison.

Indrani s'émerveillait de les voir prendre de la maturité tout en souhaitant avoir eu une telle occasion favorable quand elle était jeune. Puis elle se dit : « Si mes enfants sont capables de changer, pourquoi pas moi? » Alors elle commença à prier le Seigneur et à aller à l'église. Elle cessa de boire, de jouer pour l'argent et de consommer du tabac. Maintenant, toute la famille prie ensemble chaque jour, elle fait partie d'une congrégation locale et grandit dans le Seigneur.

Découvrez Aruni, la fille d'Indrani.
Cinq sœurs changent l'héritage familial
www.nolongeraslumdog.org

Le travail que nous effectuons pour soulager la souffrance ne s'arrête pas seulement à une démarche qui assure un avenir prometteur et donne un nouvel espoir en Christ à un enfant, mais cet espoir est aussi apporté à leur famille, leurs proches et leur communauté.

Même si les lois qui régissent la caste dans laquelle ils sont nés prescrivaient que cette famille ne soit jamais capable de changer leur sort, leur vie fut complètement transformée. Je ne puis supporter l'idée de ce à quoi aurait ressemblé la vie des huit filles d'Indrani si elles aussi avaient grandi en croyant qu'elles n'étaient bonnes qu'à être des *chiennes de bidonville* et de mendier pour vivre.

ENFIN L'ESPOIR!

L'œuvre rédemptrice de Dieu n'a jamais cessé; il nous suffit de penser aux Israélites. Il vit leurs maux, il entendit leurs cris et il connaissait leurs souffrances, c'est pourquoi il vint ici-bas pour les délivrer. C'est le récit que nous lisons dans le livre de l'Exode où 600 000 Israélites furent finalement libérés après 400 ans de captivité.

Ainsi, Dieu vit les 250 millions d'habitants qui vécurent dans la servitude perpétuelle depuis les 3 000 dernières années. Il connaît la situation désespérée des 50 millions d'enfants travailleurs en Inde[10].

Nous savons que les oreilles de Dieu sont attentives à l'appel des captifs. Jésus dit qu'il était venu précisément dans ce but : « L'Esprit du Seigneur est sur moi, parce qu'il m'a oint pour annoncer une bonne nouvelle aux pauvres; il m'a envoyé pour guérir ceux qui ont le cœur brisé, pour proclamer aux captifs la délivrance, et aux aveugles le recouvrement de la vue, pour renvoyer libres les opprimés » (Luc 4.18, Seg).

Le Tout-Puissant fut ému de compassion en voyant la souffrance, l'oppression et l'esclavage de son peuple, les « enfants d'Israël ». Il pourrait être intéressant de noter qu'on appelle aussi les Dalits les « Harijan ». Bien que ce terme soit maintenant perçu péjorativement, ce nom signifie littéralement « enfants de dieu ». Dieu se soucie de la souffrance des Dalits autant que de celle des esclaves en Égypte. Et comment réagit-il?

À la vue de leur souffrance, Dieu dit à Moïse : « J'ai vu la détresse de mon peuple en Égypte et j'ai entendu les cris que lui font pousser ses oppresseurs. Oui, je sais ce qu'il souffre. C'est pourquoi je suis venu pour le délivrer des Égyptiens, pour le faire sortir d'Égypte et le conduire vers un bon et vaste pays, un pays ruisselant de lait et de miel; [...] j'ai vu à quel point les Égyptiens les oppriment. Va donc maintenant : *je t'envoie* » (Exode 3.7-10, Sem) (La mise en relief est de l'auteur).

Quand Dieu parla à Moïse, nous aurions tout bonnement pu présumer qu'il vienne lui-même sur la terre pour accomplir cette œuvre de délivrance et de salut, n'est-ce pas?

Eh bien, non!

Plutôt, Dieu dit à Moïse : « Va. Je t'envoie, *toi* » (Exode 3.10, Sem) (La mise en relief est de l'auteur).

Si Dieu allait venir pour sauver son peuple, pourquoi envoyat-il Moïse? Ce n'est pas parce qu'il avait *besoin* de la force physique de Moïse ou de son bras de chair, mais plutôt parce qu'il choisit d'accomplir son œuvre par Moïse, tout comme Dieu continue *d'œuvrer par nous* pour exécuter sa volonté. Il est important de reconnaître ce principe. Bien que Dieu soit pleinement capable d'accomplir lui-même tout ce qu'il désire, il nous utilise encore dans son œuvre incroyable.

Dieu utilisa Moïse pour conduire Israël hors d'Égypte et pour dire au peuple comment être épargné de la mort grâce à l'agneau pascal. De fait, la nuit après avoir pris refuge sous le sang de l'agneau, ils furent conduits hors de leur esclavage.

D'innombrables Dalits, des millions d'habitants des villages et des bidonvilles, y compris leurs enfants, ont tous besoin d'être délivrés du péché et de l'esclavage. Cependant, ils doivent encore entendre parler de l'Agneau qui a été immolé et qui fut annoncé depuis l'origine du monde. De plus, ils entendront parler de lui seulement lorsque vous et moi, tout comme Moïse le fit, obéirons à l'appel de Dieu.

Nous savons que les cris de ces petits enfants montent jour et nuit jusqu'au ciel et que Dieu connaît leur souffrance, car Dieu est parfaitement conscient de tout ce qui se passe sur la terre.

Nos cœurs désirent ardemment changer leur monde et redresser les torts causés. Nous prions pour qu'eux aussi puissent avoir la vie et qu'ils l'aient en abondance. En outre, Dieu n'aspire-t-il pas encore beaucoup plus au bien de sa propre création? Il connaît personnellement tous ces enfants.

Il est celui qui dit : « Il vaudrait mieux... qu'on mît à son cou une pierre de moulin et qu'on le jetât dans la mer, que s'il scandalisait un de ces petits. » (Luc 17.2, Seg)

La question à se poser est celle-ci : « Lorsque *nous* entendons le cri de ces enfants qui souffrent et des Dalits, sommes-nous en mesure d'obéir à la voix de Dieu et de répondre nous-mêmes au besoin? »

Je crois que nous le sommes.

 « Je désire les élever bien haut. Quand je vais dans les villages, ou même en différents lieux, je vois des gens sans nourriture. Je souffre au-dedans de moi et je pense : comment puis-je les aider à sortir de toute cette pauvreté, de cette oppression et de ce genre de problème? Voilà mon fardeau. »

Niran John Das, missionnaire indien

« *Vous pouvez donner sans aimer, mais vous ne pouvez pas aimer sans donner.* ».

Amy Carmichael[1]

CHAPITRE 3

Ouvrez les yeux

À une époque lointaine vivait un homme fort riche. Sa fortune était si considérable qu'il avait les moyens d'acheter tout ce qu'il voulait. Son palais, magnifiquement orné d'objets luxueux de toutes sortes, était le plus grand édifice sur des kilomètres. De plus, il lui était possible de manger tout ce que son cœur désirait. Il portait des vêtements élégants et propres, et il avait des serviteurs en grand nombre. Bref, jamais de toute sa vie il n'avait éprouvé le besoin de quoi que ce soit.

Dans la rue en face de son immense résidence vivait un pauvre mendiant. Les seuls vêtements qu'il possédait étaient ceux qu'il portait et ceux-ci étaient en lambeaux. Ses longs cheveux étaient épars et il était très malade. Bien plus, son corps était couvert de plaies suintantes si affreuses que les chiens errants venaient les lécher. Il s'assoyait donc chaque jour devant le portail de la propriété de l'homme riche et il mendiait les restes de nourriture. Puis un jour, le pauvre mendiant est mort et les anges l'ont porté au paradis de Dieu.

Un jour, l'homme riche aussi est mort et il est allé directement en enfer. Il y demeure depuis ce jour et crie désespérément afin qu'on lui donne seulement une goutte d'eau pour se rafraîchir la langue, mais la réponse obtenue est toujours la même : « Tu as joui d'une vie luxueuse sur la terre sans penser une seule fois au mendiant impuissant assis à ta porte. Considère maintenant ce qui s'est passé. Tu souffriras en enfer et Lazare, l'homme que tu as traité avec indifférence, est au paradis avec Dieu. Il vivra éternellement dans des délices infinis que rien ne peut lui enlever. De même, rien ne peut changer ce sort terrible que tu connais; celui-ci est scellé. » (voir Luc 16.19-25)

De toute évidence, cette histoire est une paraphrase de celle que Jésus raconte dans Luc 16. Je vous en prie, comprenez-moi bien; l'homme riche n'alla pas tout bonnement en enfer à cause de sa richesse. Si nous parcourons la Bible, nous trouvons beaucoup de personnes, par exemple Abraham, Joseph et David, qui furent toutes excessivement riches, qui dirigèrent même des royaumes ou des dynasties et qui furent entièrement dévouées à Dieu. Ce ne sont pas leurs richesses qui les amenèrent à leur destination éternelle. Pareillement, ce n'est pas la pauvreté qui envoya Lazare au ciel.

En réalité, ce n'est pas en raison de ce qui est physique ou de ce qui frappe les yeux qu'une personne va au ciel, mais plutôt le fait d'avoir une relation avec Dieu manifestée par les choix que l'on faits. Ainsi, l'indifférence de l'homme riche envers le pauvre qui souffrait dévoilait sa vie sans Dieu, car s'il avait réellement connu Dieu et s'il avait marché avec lui, il se serait préoccupé de Lazare. En somme, il apparaît clairement dans toute la Bible que Dieu ne veut pas que nous ignorions le pauvre, l'affamé, celui qui est sans défense et qui souffre.

Regardez Actes 10 où nous lisons l'histoire d'un païen nommé Corneille, un homme pieux qui craignait Dieu. On écrivit deux renseignements additionnels à son sujet : il priait constamment et *donnait beaucoup d'aumônes au peuple*. Le cœur de Corneille, son côté pieux qui craignait Dieu, était ainsi ouvertement manifesté par sa générosité. En conséquence, Dieu envoya son grand apôtre Pierre dans le but spécifique de rencontrer ce non-juif et de lui parler de l'Évangile.

Dieu s'attriste de voir son peuple vivre en égoïste et se soucier uniquement du « je, me, moi ». Cette attitude le blesse particulièrement chaque fois que les chrétiens se ferment les yeux aux besoins pressants qui émergent devant eux.

Ressemblons-nous à l'homme riche? Je prie pour que nous prenions tous cet avertissement au sérieux. Dites-moi, combien d'automobiles, de vêtements, de jouets et de babioles supplémentaires avons-nous vraiment besoin avant de nous réveiller et de prendre conscience que la moitié de la population mondiale se couche chaque nuit nue et l'estomac vide?

Tournez les pages de ce livre et regardez les visages de ces beaux enfants sur lesquels Dieu pleure. Le Seigneur cherche ceux qui partageront les sentiments de son cœur. Ouvrez les yeux et regardez la réalité qui apparaît devant vous. Souvenez-vous de ce que Jésus dit : « chaque fois que vous avez fait cela au moindre de mes frères que voici, *c'est à moi-même que vous l'avez fait* » (Matthieu 25.40, Sem) (La mise en relief est de l'auteur). Cette parole signifie que tout ce que nous faisons pour le plus petit des siens, soit bon soit mauvais, c'est comme si nous le faisions pour Christ lui-même. En d'autres mots, le mendiant Lazare assis et délaissé devant le portail de l'homme riche équivalait à voir Dieu étendu là.

Quand nous entendons parler des millions d'enfants qui souffrent dans le monde, ne faisons pas la sourde oreille. Chacun d'eux représente le Seigneur lui-même.

JÉSUS S'EN PRÉOCCUPE

À maintes reprises dans les Écritures, nous reconnaissons le cœur de Dieu pour ceux qui ne peuvent se faire entendre, pour les captifs et les opprimés. Dieu les aime avec passion et désire leur bien-être parce qu'ils ont une grande valeur à ses yeux et que son cœur est brisé de les voir souffrir.

Les Écritures sont parfaitement claires en ce qui concerne le cœur de Dieu envers les enfants. La meilleure façon de le constater est de considérer Jésus, car il est la représentation parfaite du caractère du Père (voir Hébreux 1.3). Jésus lui-même dit : « Celui qui m'a vu a vu le Père » (Jean 14.9, Seg). Par conséquent, nous pouvons être assurés que tous les sentiments éprouvés par Dieu pour les enfants étaient parfaitement manifestés dans la vie et les paroles de son Fils. Que nous est-il donc possible d'apprendre de

Jésus s'assoirait et accorderait aux enfants toute son attention, et il exige que nous le fassions aussi en son nom.

celui-ci?

Tout au cours de la lecture des Évangiles, nous voyons Jésus parler à maintes reprises de l'importance que lui et le Père accordent aux enfants. Ainsi, dans Marc 10, nous nous trouvons auprès de Jésus entouré par la foule et il lui enseigne les vérités de Dieu. Certains parents commencèrent à lui amener leurs enfants afin qu'il les bénisse, mais les disciples les réprimandèrent et commencèrent à exercer un contrôle sur la foule. Alors, ils dirent peut-être des paroles comme celles-ci : « Le maître enseigne un message important. Veuillez vous asseoir et demandez à vos enfants de se tenir tranquilles. »

Ce passage mentionne de façon formelle que lorsque Jésus vit ce qui se passait, il était mécontent et il dit à ses disciples : « Laissez venir à moi les petits enfants, et ne les en empêchez pas; car le Royaume de Dieu est pour ceux qui leur ressemblent. » (Marc 10.14, Seg) En fait, il interrompit son enseignement, il posa ses mains sur eux et les bénit. Au beau milieu de ses occupations multipliées, Jésus cessa tout ce qu'il faisait afin de montrer à ces enfants son amour et son intérêt.

Dans Marc 9.37, Jésus dit : « Quiconque reçoit en mon nom un de ces petits enfants me reçoit moi-même. » (Seg) Que signifie pour nous sa déclaration?

Regardez la joie d'Ashok alors qu'il découvre l'amour du Père céleste.
Ashok et son Père céleste
www.nolongeraslumdog.org

Imaginez que vous avez travaillé toute la journée et que vous êtes finalement assis pour prendre le repas avec votre famille. Tout à coup, vous entendez quelqu'un frapper à la porte. Puisque vous n'attendez personne, vous regardez par le judas de la porte en pensant que vous verrez peut-être un vendeur ou quelqu'un désirant tondre votre gazon. Mais plutôt, vous apercevez le Roi de l'univers!

Ne vous empresseriez-vous pas d'ouvrir grande la porte afin de l'accueillir?

D'un autre côté, qu'en serait-il si vous aperceviez une enfant affamée et à moitié nue parce que les haillons qu'elle porte auraient plus de trous que de tissu? Ses cheveux sont négligés et remplis de poux; son visage est couvert de saleté et de sueur. Vous empresseriez-vous de lui ouvrir grande la porte pour la laisser entrer?

Jésus nous dit que quiconque serre les petits enfants dans ses bras, les aime, les traite avec dignité et leur accorde une grande importance en *son nom* fait réellement ces choses pour lui (voir Matthieu 18.5). Mais il y a plus encore. Le bonheur de Jésus est si grand quand quelqu'un se soucie des enfants en son nom, qu'il viendra et l'accompagnera d'une façon toute spéciale. En effet, il nous dit plus loin dans Marc 9.37 que nous recevons non seulement le Fils, mais aussi Dieu le Père. Il existe donc une bénédiction particulière pour ceux qui partagent les sentiments que l'Éternel éprouve envers ses enfants.

NE LES MÉPRISEZ PAS

Dans Matthieu 18.10, Jésus dit : « Gardez-vous de mépriser un seul de ces petits; car je vous dis que leurs anges dans les cieux voient continuellement la face de mon Père qui est dans les cieux. » Selon le dictionnaire, le mot « mépriser » signifie « Estimer indigne d'attention ou *d'intérêt* » (Seg).

Jésus nous avertit que si nous entendons parler des enfants

indigents, il faut veiller à ne pas considérer leur malheur comme indigne de notre attention. Nous n'avons pas la liberté de dire simplement : « Oui, je sais que c'est affreux. Il faudrait arrêter ces personnes qui font du mal aux enfants, et il faudrait aimer et prendre soin de ces petits. Mais, quant à moi, je n'y peux rien. »

Pensez-vous que Jésus se soucie des enfants qui vivent dans les rues ? Croyez-vous qu'il voit les garçons et les filles qui peinent pendant de longues heures dans les champs et les usines de feux d'artifice ? Partage-t-il la douleur des fillettes ravagées et prises dans une vie de prostitution dégradante ?

Il voit. Il se soucie. Il ressent leur douleur.

En ce moment, il nous donne aussi l'occasion de voir ces enfants. La question que Jésus nous pose est : « comment réagirons-nous ? » Détournerons-nous le regard et endurcirons-nous nos cœurs contre leur douleur ?

Je dois avouer que dans les premières années de mon ministère j'étais aveugle aux besoins de ces enfants. Même si je leur ai fait face toute ma vie, je n'avais pas un cœur brisé pour ces enfants désespérés comme il l'aurait fallu. Puis un jour, le Seigneur attira mon attention alors que je me tenais au coin d'une rue achalandée en Inde en attendant le feu vert.

Il y avait des petits enfants partout, ce qui est commun aux coins de nombreuses rues bondées de Bombay. Alors, on prévient les touristes de ne rien leur donner, car dès que vous le faites, les autres enfants s'entasseront autour de vous.

Je me tenais donc à ce coin de rue, quelque peu contrarié par les petites mains qui s'agrippaient à moi, et j'entendis derrière moi la voix d'une jeune fille. « Sahib, monsieur, mon père est mort. Ma mère est malade et ne peut plus mendier. Et j'ai un petit frère

Jésus dit : « Laissez
les petits enfants,
et ne les empêchez
pas de venir à moi »
(Matthieu 19.14,
Seg)

qui a très faim. S'il vous plaît, me donneriez-vous quelques pièces
de monnaie pour que je puisse acheter du pain et le lui donner ? »

Le feu vert s'alluma et tout le monde s'élança, mais moi, j'étais
incapable de bouger. Ses paroles me transpercèrent le cœur. Je me
retournai pour voir cette jeune fille qui n'avait pas encore dix ans.
Je n'oublierai jamais son visage, l'un des plus jolis visages d'enfant
que j'ai vu. Elle avait de grands yeux bruns, des cheveux noirs,
épais, presque aussi longs que son corps, des ongles sales et de la
sueur mêlée de poussière coulait de son visage. Elle était pieds
nus et vêtue de haillons. Elle se tenait là, tout simplement, la

main tendue.

Je mis les mains dans mes poches et je sortis tout l'argent que je pus trouver et lui donnai. Puis je me mis à marcher.

Tout comme les disciples sur le chemin d'Emmaüs, j'avais l'impression qu'un étranger invisible m'accompagnait dans cette marche émotionnelle. La question silencieuse qu'il posa était profonde et pénétrante : « Alors, que penses-tu de la fillette mendiante que tu viens à peine de croiser? Sa vie a-t-elle autant d'importance et est-elle aussi précieuse que... » Puis le visage d'une autre jeune fille me vint à l'esprit. Je ne connaissais pas le nom de cette fillette sur la rue, mais je connaissais fort bien le nom de ce nouveau visage; c'était celui de ma propre fille, Sarah.

Les deux fillettes avaient environ le même âge, mais la vie de l'une tranchait tellement avec celle de l'autre. En effet, Sarah disposait de sa propre chambre munie d'un tapis, d'ameublement, de jouets et de tout le confort qu'il est possible d'imaginer. Ma femme, sa mère allemande, s'assurait que l'on prenait bien soin d'elle. On changeait les draps et les taies d'oreillers de son lit confortable chaque semaine. Elle possédait un grand nombre de vêtements, de chaussettes, des chaussures de tennis, une brosse à dents, du dentifrice, du savon et du shampoing. Nous avons donné à Sarah tout ce dont on peut disposer et qui se trouve en abondance pour les enfants nés et élevés aux États-Unis.

Par contre, pour la petite fille indienne que je venais de rencontrer sur la rue, je me doute qu'elle n'avait jamais tenu une brosse à dents dans sa main. Son visage n'avait jamais été lavé avec de l'eau savonneuse et le shampoing n'avait jamais touché ses cheveux. Elle n'avait jamais dormi à la chaleur d'un lit sous des draps propres et la tête sur des oreillers moelleux. Elle n'avait peut-être jamais entendu les mots : « Maman t'aime. Papa t'aime. » Bien plus, elle avait probablement livré des combats quotidiens tout au cours de son enfance en vivant dans les rues parmi des milliers d'autres enfants qui, eux aussi, n'avaient pas de domicile où aller quand arrivait le soir.

Cette question demeurait comme suspendue dans l'air alors que je marchais : « Sa vie a-t-elle autant d'importance et est-elle aussi précieuse que... »

Je connaissais bien la réponse appropriée. En tant que pasteur et puisque je suis très habitué à étudier la Bible, je savais aussitôt ce que ma réponse était *censée* être.

« Bien sûr, Seigneur! Je me préoccupe d'elle. J'estime autant la vie de cette petite mendiante que celle de ma propre fille. »

Aucune autre question ne fut posée. J'étais abandonné à mes pensées. Ce qui s'ensuivit fut l'une des marches les plus difficiles de ma vie. En effet, pour la première fois, je pris conscience de la douleur et de la passion que notre Seigneur éprouve dans son cœur pour les enfants oubliés des villages et des bidonvilles de ces nations indigentes.

Honnêtement, j'eus énormément de difficulté à digérer cette révélation. À vrai dire, il m'était intolérable d'imaginer ma fille debout dans cette rue de Bombay, la main tendue pour mendier quelques pièces de monnaie dans le but d'acheter un morceau de pain pour son frère. Cette pensée était trop douloureuse pour moi.

Pourtant, le fait demeure que cette fillette que je croisai personnifie les visages de millions d'enfants qui réclament à grands cris non seulement de la nourriture, mais aussi du secours, de l'amour et de l'espoir... qu'ils ne trouvent pas malgré tout.

Je ne voudrais surtout pas générer dans le cœur de quiconque un sentiment de culpabilité concernant les soins prodigués avec amour à nos propres enfants et petits-enfants. Mais la question demeure : Y a-t-il aussi de la place dans nos cœurs pour un ou deux enfants parmi les millions d'enfants qui souffrent dans le monde? Sommes-nous disposés à nous occuper d'eux au nom de Jésus? Sommes-nous capables de les voir comme Jésus qui les voyait tellement importants et d'une valeur incomparable, comme celle des bijoux?

Acceptons-nous d'avoir le cœur brisé avec celui de Jésus devant une telle vision, sachant que ces enfants souffrent tellement dans la vie actuelle *et* qu'ils n'ont aucun espoir d'aller au ciel dans la vie prochaine, simplement parce qu'ils ne connaissent rien de l'espoir qui se trouve en Christ?

Je crois, en tant qu'imitateurs de Christ, qu'il nous est ordonné de tendre la main aux plus petits d'entre eux au nom de Jésus et de leur montrer l'importance considérable qu'ils ont aux yeux de Dieu au point d'avoir sacrifié son Fils unique afin de les toucher de son amour.

Il nous faut apprendre à détourner les regards de notre univers à nous et à avoir les mêmes préoccupations que Dieu. Ne consacrons pas nos énergies à des babioles et à une recherche irréfléchie du plaisir immédiat qui n'a aucune valeur éternelle, mais apprenons plutôt à investir dans le bien-être de ces enfants auquel Dieu s'intéresse tant. Ils sont véritablement les plus petits des petits, les ignorés, les affamés, les maltraités et les malaimés. De plus, notre Seigneur nous dit qu'il ne nous est pas permis de fermer les yeux sur leur situation désespérée.

UNE MISSION SPÉCIALE

Notre Père céleste se préoccupe grandement du bien-être de ces enfants sans défense. Effectivement, Dieu a assigné des anges spéciaux pour veiller sur eux en tout temps. Considérons de nouveau Matthieu 18.10 « Gardez-vous de mépriser un seul de ces petits; car je vous dis que *leurs anges* dans les cieux voient continuellement la face de mon Père qui est dans les cieux. » (Seg) (La mise en relief est de l'auteur)

Chaque fois qu'un enfant est sauvé de la destruction, les anges dans le ciel se réjouissent avec le Père.

C'est une parole très révélatrice que Jésus mentionne ici. Des anges veillent sur chaque petit enfant des bidonvilles de Bombay, cependant, simultanément, ces anges portent leur regard sur le visage du Père qui est assis sur le trône. Quel bonheur pour ces anges lorsqu'une personne nourrit ces petits enfants, les tient en estime, les enseigne, les aime et prie pour eux!

Voici le récit de ce qui arriva à un jeune du nom de Nadish. Des gens se soucièrent de lui et prièrent pour lui, et les anges se réjouirent, j'en suis certain, de le voir libéré.

Ma mère m'a inscrit à un centre Bridge of Hope, mais je n'étais pas très intéressé à mes études. Je préférais jouer et sortir le soir.

Un jour, ma mère m'a dit : « Nadish, tu dois être attentif à tes études! » et cela me fâchait.

Ce même après-midi, je suis allé acheter des médicaments pour ma mère. J'étais encore mécontent et je ne voulais pas retourner chez moi, c'est pourquoi je me suis promené quelques instants. Je me suis perdu près de la station du chemin de fer. Le soleil s'est couché et j'ai commencé à avoir peur. Je ne reconnaissais pas cet endroit.

Un homme d'un certain âge et de belle allure s'est approché de moi et a vu que j'étais perdu. Il m'a donc offert de rester avec lui pendant la nuit.

Je souhaiterais ne pas être allé avec lui.

Il m'a amené très loin et avant que je me rende compte de ce qui se passait, il m'avait vendu à un fermier.

Cet homme me forçait à nettoyer le fumier des animaux pendant toute la journée et, quand j'avais terminé l'ouvrage, il m'enfermait dans une petite pièce avec les animaux. J'ai vite appris à ignorer l'odeur.

Les jours sont devenus des semaines et mon ventre grognait continuellement. Il ne me donnait jamais suffisamment de nourriture.

Puis les semaines sont devenues des mois et j'avais mal partout. Le travail était dur et je n'avais jamais assez de temps pour me reposer.

Les mois sont devenus des années et j'ai commencé à penser que je n'en verrais jamais la fin. J'étais pris au piège, seul, enfermé dans cette pièce sombre avec les autres animaux.

Puis un jour, quelque chose d'étrange s'est produit. Un autre garçon est arrivé. Il avait aussi été capturé.

Il pleurait beaucoup. Lui aussi avait faim. Lui aussi n'avait jamais assez de repos. C'était pourtant plaisant de parler à quelqu'un. Il m'a parlé de sa famille et de la façon dont il avait été capturé. Je lui ai parlé de ma mère. Je m'ennuyais beaucoup d'elle. Je n'avais ni frère ni sœur et mon père était mort.

Je lui ai parlé du centre Bridge of Hope. Il y avait des gens qui m'aimaient là-bas et il y avait toujours un repas.

Nous travaillions ensemble aux étables. Le travail était plus facile à deux — non pas parce qu'il y avait moins d'ouvrage, car notre maître nous trouvait toujours plus de travail à faire, mais seulement parce qu'il y avait quelqu'un avec qui parler. Nous avons continué ainsi pendant plusieurs mois.

Puis une nuit, quelque chose d'incroyable est arrivé. Le maître a oublié de verrouiller la porte! Nous n'en croyions pas nos yeux. Cette nuit-là, nous nous sommes faufilés à l'extérieur et avons couru aussi vite que nos jambes fatiguées ont pu nous porter.

Nous avons réussi à nous rendre au poste de police et nous leur avons raconté ce qui était arrivé. Ils ont arrêté cet homme et ont libéré cinq autres garçons.

Puis, ma mère et moi, nous nous sommes retrouvés. Elle a beaucoup pleuré quand elle m'a vu et disait toujours : « J'espérais que tu reviennes un jour. » Je lui ai demandé si je pouvais retourner au centre Bridge of Hope. Je recommencerai très bientôt.

On se sent tellement bien de porter des vêtements propres, de manger un repas complet, de prendre un bain pour se laver! Je suis capable de sourire et de rire de nouveau.

J'ai encore peur de l'obscurité et je n'aime pas sortir le soir. Je continue de penser que ce n'est qu'un rêve et qu'un jour je vais encore me réveiller dans cette pièce, mais ça n'est pas arrivé jusqu'à maintenant.

J'ai appris que les gens du centre Bridge of Hope priaient pour moi et qu'ils l'avaient fait pendant deux ans. Je ne sais pas, mais c'est peut-être la raison pour laquelle l'homme a oublié de verrouiller la porte.

Quel bonheur pour les anges dans le ciel de voir Nadish libre et de voir sa joie devant la face du Père!

En parcourant l'évangile selon Matthieu et les autres évangiles, nous constatons que Jésus met souvent en évidence l'importance qu'il accorde aux enfants. Son cœur est brûlant pour eux. Il veut que nous sachions que « lorsque vous embrassez mes enfants, vous m'embrassez, moi; les toucher c'est de me toucher, moi. »

Un cœur comme le sien

Si vous êtes un parent, vous comprenez ce sentiment. Par exemple, lorsqu'une personne agit envers notre enfant avec une bonté particulière, quel parent ne le recevrait pas de façon très personnelle? En revanche, quel parent ne se livrerait pas à une furie implacable en apprenant qu'on a maltraité son enfant?

Fermez les yeux et imaginez seulement que c'était *votre* enfant qui était bâillonné et lié, et dont les yeux étaient rendus aveugles par de l'huile bouillante. Visualisez *votre* fille prise au piège dans une cage où des rangées d'hommes attendent à l'extérieur. Alors, si votre cœur ne se met pas à battre la chamade par une poussée d'adrénaline, c'est que vous n'êtes pas normal.

On peut résumer la vie entière de notre Seigneur par son énoncé de mission : « le Fils de l'homme est venu chercher et sauver ce qui était perdu. » (Luc 19.10, Seg) Il se donna totalement pour les autres. Matthieu 8 et 9 couvre une période intense de son ministère continu. Après s'être investi sans relâche pendant des jours dans la vie des gens qui souffraient de douleur émotionnelle, de maladie physique et qui étaient possédés par des démons, Matthieu, le rédacteur, rapporte que Jésus fut « ému de compassion » pour les foules qu'il voyait (voir Matthieu 9.36, Seg). En effet, pour celui-ci, les gens ressemblaient à des brebis sans berger, c'est-à-dire qu'il les voyait abattus, perdus et personne pour prendre soin d'eux.

Matthieu a écrit son évangile 30 ans après cet événement. Quelles émotions exprimées sur le visage de Jésus dut-il voir, pensez-vous, qui auraient été si mémorables qu'il en inscrive l'impression après tant d'années?

Il est fort probable que Jésus avait agi comme quelqu'un qui venait à peine d'apprendre la mort d'un fils, d'une fille, d'un mari ou d'une mère. Il avait peut-être été complètement submergé par l'émotion, il pleurait et il avait peut-être même perdu l'appétit. Ses jambes possiblement cédèrent sous lui de telle sorte qu'il pouvait difficilement se tenir debout.

Pourquoi imaginons-nous Jésus rester stoïque? Il était certainement profondément attristé de voir sa propre création, l'œuvre de ses mains, le peuple qu'il avait fait à son image, être détruite et maltraitée. Il devait sentir son cœur sur le point de briser. Et, 30 ans plus tard, Matthieu mentionne : « Nous l'avons vu. »

Toutefois, il semble que Jésus fut le seul à manifester de l'affliction. En effet, Matthieu ne dit pas : « Nous aussi avons été émus de compassion. » Le cœur des disciples était peut-être endurci et ne pouvait pas éprouver la douleur de la multitude en détresse.

Jésus a conclu son ministère terrestre par ces mots : « Comme le Père m'a envoyé, moi aussi je vous envoie. » (Jean 20.21, Seg) Il nous envoie dans le monde afin de montrer son amour, mais nous n'avons pas la puissance de montrer son amour à moins d'avoir son cœur.

Dieu est affligé de la situation désespérée des enfants de cette génération-ci, des enfants qui, à l'heure actuelle, souffrent dans des circonstances qu'on ne veut même pas imaginer. Il cherche des individus qui s'oublieront eux-mêmes et qui, au contraire, s'intéresseront aux choses qui sont sur son cœur, des individus qui diront à ces jeunes que Jésus les aime et qui les serreront contre eux en son nom.

Comme moi, je suis certain que si vous entendez parler de

Bien que ces enfants soient rejetés et méprisés par leur société, Dieu les voit de la même façon dont il nous voit, soit d'une valeur inestimable.

la souffrance de ces enfants, parents et familles opprimés, vous désirez changer leurs circonstances. Vous désirez les réconforter dans leur douleur.

Cela m'attriste de penser aux premiers jours où je ne voyais pas ces enfants perdus de la même façon dont je voyais mes propres enfants. J'étais aveuglé par mon horaire personnel si chargé dans le ministère qu'il m'était impossible de voir le visage de Christ dans le leur. Mais Dieu dans sa grâce m'aida à m'identifier à son cœur pour ceux qui ne peuvent se faire entendre.

Ma prière maintenant, comme celle de bien d'autres avant

moi, est que le Seigneur brise mon cœur pour les choses qui brisent le sien.

« Je prends conscience de l'amour de Dieu pour moi et j'ai aussi commencé à m'aimer. Je remercie Dieu de m'avoir amené jusqu'ici. »

Talan, élève du Bridge of Hope de GFA

« *La première question posée par le prêtre... et le lévite fut : "Si je m'arrête pour secourir cet homme, que m'arrivera-t-il?" Cependant, le bon Samaritain... posa la question dans une perspective différente : "Si je ne m'arrête pas pour secourir cet homme, que lui arrivera-t-il?"* »

Martin Luther King Jr.[1]

CHAPITRE 4

*U*N VENT DE CHANGEMENT

La célèbre proclamation du patriote américain Patrick Henry « Donnez-moi la liberté ou donnez-moi la mort! » est aussi le cri du cœur de tout être humain. Évidemment, quel être humain libre souhaiterait aux autres d'être opprimés, maltraités ou blessés?

Quel déchirement est le nôtre quand nous entendons parler de l'affreuse souffrance des enfants affamés dans les camps de réfugiés et les zones sinistrées! En plus, nous sommes troublés de lire des textes qui concernent les camps de concentration d'Adolf Hitler, car nous sommes incapables d'oublier les images des milliers de personnes impuissantes, des pères, des mères, des jeunes et des vieux, tous entassés les uns contre les autres derrière des clôtures électriques. Ils n'ont que la peau et les os, et leurs yeux sont renfoncés de désespoir. Pire encore que la vue de ces images est le fait de savoir qu'un grand nombre de ces victimes furent forcées à entrer dans des chambres à gaz. C'est pourquoi cette situation nous fâche et nous attriste à la fois.

Dans son livre intitulé « Roots », Alex Haley décrit la situation désespérée du peuple africain entassé dans des navires négriers, envoyé en Amérique et vendu au marché comme des animaux. Cette pratique était scandaleuse! On se demande donc comment il est possible que des êtres humains agissent avec tant de cruauté envers son prochain.

Considérez la Révolution française et la manière dont la tyrannie a rebuté les gens. En 1789, ceux-ci entreprirent alors de mettre fin à cette tyrannie. Ou encore, considérez un exemple plus récent d'une population qui souffrit les pires traitements jusqu'à ce que ces gens ne la supportent plus du tout, soit la situation d'oppression survenue en Roumanie. À l'exemple des générations précédentes, ils luttèrent, eux aussi, pour la libération. Ces changements dans l'ordre social apportent tous la preuve du fait que, peu importe la grandeur de la puissance d'un gouvernement ou d'un système, le peuple n'endurera pas à tout jamais un tel mauvais traitement.

Dans chacun de ces cas, il arriva un moment où quelqu'un dit : « Ça suffit! » Puis ce fut le début d'une révolution — certaines furent violentes et d'autres furent plus pacifiques — qui rallia aussitôt le soutien de tous ceux qui sont tout yeux tout oreilles à la situation désespérée des masses qui souffrent. Peu de gens sont tout bonnement restés inactifs en regardant passer le train après avoir pris conscience qu'ils étaient en mesure de leur venir en aide.

Dieu intervient pour sauver ceux qui souffrent. En fait, dans le but de délivrer les enfants d'Israël de l'esclavage dans lequel ils étaient tenus, il soumit leurs maîtres égyptiens à de terribles châtiments qui culminèrent en la mort de chaque premier-né de ce puissant empire.

La pire forme d'esclavage qui existe de nos jours, celle qui est la plus omniprésente, est le système des castes. Celui-ci engendre la souffrance de millions de Dalits et d'habitants des autres castes arriérées. Aucun autre peuple vivant à l'heure actuelle n'a été maltraité sur une aussi longue période de temps que ce peuple. Maintenant, ils disent enfin : « Assez! Ça suffit! Nous n'en tolérerons pas davantage! »

DE L'ESPOIR À L'HORIZON

Aujourd'hui, après des années de servitude à n'en plus finir, un vent de changement souffle sur le sous-continent indien. Ainsi, à la fin des années 1990, un mouvement populaire pour les droits de l'homme dalit vit le jour afin de remettre en cause les règles prescrivant la ségrégation fondée sur la caste. Ce mouvement fit naître dans le cœur d'un grand nombre de Dalits et de la population des autres castes arriérées l'espoir d'acquérir la liberté. En conséquence, des meneurs émergèrent de cette masse de 750 millions d'habitants dans le but d'établir la justice.

Ces nouveaux dirigeants dalits se rendirent compte que la seule façon d'échapper à l'oppression qu'ils subissaient était d'abandonner la religion hindoue et son système des castes. Ils cherchèrent alors à embrasser une foi qui leur donnait de la dignité et de la valeur, et qui apportait de l'espoir à leurs enfants. Ils désiraient une religion qui considérait tous les êtres humains comme étant égaux.

Le moment décisif arriva le 4 novembre 2001. En effet, en ce jour, des dizaines de milliers de Dalits se rassemblèrent à Delhi pour une rencontre historique lors de laquelle ils déclarèrent publiquement leur désir « d'abandonner l'hindouisme » et de vivre la foi de leur choix. J'acceptai avec humilité, en tant qu'un des rares représentants ecclésiastiques, l'invitation à y parler. Je n'oublierai jamais la nuit qui prééda ce rassemblement, une nuit passée dans l'anticipation.

De nombreux dirigeants dalits reconnaissent que pour rompre les liens provenant du système des castes il ne suffira plus d'offrir seulement une bonne éducation aux enfants; ceux-ci devront embrasser une religion qui considère tous les humains sur un pied d'égalité.

Les rues étaient bondées bien que des milliers de personnes furent empêchées de venir à cause de l'opposition de la population des castes supérieures. Ces derniers bloquaient l'entrée à Delhi à de nombreux Dalits venus pour le rassemblement pour la liberté. Malgré cette situation, des dizaines de milliers de personnes purent y assister et chacun cherchait avec avidité un rayon d'espoir. J'étais transporté de joie de vivre ce moment.

Je me souviens des mots que je prononçai, debout devant ces masses exploitées depuis si longtemps : « Mes chers frères et sœurs, je viens aujourd'hui vous parler au nom de Christ, en raison de son amour et de sa miséricorde pour nous tous. Jésus est venu afin de libérer les captifs. Il a dit lui-même : *Si c'est le Fils qui vous donne la liberté, alors vous serez vraiment des hommes libres...* Nous vous aimons de l'amour de Christ, inconditionnellement et pour toujours. » D'ailleurs, c'est l'offre que Jésus fait quand il dit : « moi, je suis venu afin que les brebis aient la vie » (Jean 10.10, Seg).

Afin de comprendre le raisonnement des habitants lorsqu'ils affirment leur désir d'abandonner l'hindouisme, il

Visionnez l'enregistrement effectué le 4 novembre 2001.
Rassemblement des Dalits à Delhi
www.nolongeraslumdog.org/dalits

est important de connaître la croyance hindoue à la notion de karma et à la réincarnation, c'est-à-dire le principe selon lequel la vie actuelle d'une personne, y compris la caste dans laquelle elle naquit, est déterminée par la manière dont celle-ci vécut sa vie antérieure. Être né Dalit, soit sous les pieds du dieu hindou Brahma, signifie fondamentalement pour l'individu qu'il s'était conduit d'une terrible façon dans sa vie antérieure et que c'est le moment pour lui d'en subir les conséquences.

Cette idée explique la honte et les mauvais traitements qui leur sont infligés; ainsi de nombreux Dalits croient sincèrement mériter ces mauvais traitements. Par contre, lorsque quelqu'un renonce à sa croyance à la réincarnation, les chaînes du fatalisme seront brisées.

Du reste, c'est ce qui se produisit dans le cœur de millions de Dalits dans la dernière décennie. Malgré une violente réaction contre leur libération, je crois qu'un tournant fut pris et que des changements importants sont inévitables.

Gospel for Asia désirait ardemment tendre la main aux Dalits pendant cette transition importante. Leurs dirigeants déclarèrent que le besoin le plus pressant parmi les habitants les plus pauvres de l'Asie du Sud était de donner une éducation à leurs enfants puisque la simple connaissance de la lecture les protégerait grandement de l'escroquerie dans les contrats écrits, et leur donnerait accès à des emplois meilleurs et mieux rémunérés ce qui leur permettrait enfin de rembourser leur dette et ainsi de rompre le cercle vicieux de la servitude pour dettes.

Malheureusement, la réalité n'est pas aussi simple. En effet, il n'est pas facile de surmonter des siècles d'oppression, la pauvreté qui affecte tout le pays et l'inculcation constante de l'inégalité. Nous comprîmes que de donner uniquement une bonne éducation ne suffirait pas à apporter une guérison économique et émotionnelle immédiate. Comme je le mentionnai dans mon premier livre, « La seule arme qui permettra de vaincre efficacement la maladie, la faim, l'injustice et la pauvreté en Asie, c'est l'Évangile de Jésus Christ[2]. » Les Dalits ont besoin de recevoir une éducation et ils ont aussi besoin de la vérité. Et lorsqu'ils connaîtront la vérité, ils seront libres. (voir Jean 8.32)

DES OBSTACLES SÉRIEUX

La politique nationale de l'éducation en Inde, écrite en 1986, vise la gratuité de l'éducation primaire pour tous les enfants, y compris les enfants dalits. Toutefois, pour de multiples raisons, ceux-ci fréquentent rarement l'école. Le problème majeur est la pauvreté. En effet, de nombreuses familles parmi eux ne peuvent tout simplement pas survivre sans le revenu généré par les enfants. Par conséquent, si ces derniers allaient à l'école le jour, il serait impossible aux parents de revenir à la maison avec de la nourriture pour eux. Les contrats de servitude pour dettes interdisent effectivement toute occasion de recevoir de l'éducation. De plus, les écoles du gouvernement sont souvent trop éloignées pour que les enfants s'y rendent à pied.

La vérité est que l'éducation gratuite n'est pas vraiment gratuite de toute façon, car il existe des frais, et les enfants ont besoin de livres et de fournitures scolaires. Des vêtements appropriés sont aussi obligatoires. Dans ces conditions, le coût de toutes ces exigences est trop élevé pour la plupart des familles pauvres. Selon un de nos travailleurs sociaux œuvrant auprès des enfants qui vivent dans les bidonvilles, la plupart d'entre eux n'ont qu'un seul vêtement de rechange. « Quand nous leur disons de prendre un bain et de changer de vêtement, cela leur est impossible. Ils retourneront donc au domicile et se laveront, mais,

Bien que l'éducation soit censée être gratuite, de nombreux parents n'ont pas les moyens d'acheter le matériel scolaire exigé pour que leurs enfants fréquentent l'école.

le jour suivant, ils reviendront habillés des mêmes vêtements », dit-il.

Par surcroît, les enfants dalits qui tentent de fréquenter l'école trouvent habituellement cette expérience douloureuse puisque les préjugés contre les Dalits et les habitants des autres castes arriérées sont fréquents dans la salle de classe. Par exemple, il arrive qu'on leur demande d'accomplir des tâches, comme de nettoyer le terrain, que les autres enfants ne sont pas obligés de faire.

Certaines communautés interdisent encore aux Dalits l'accès aux écoles où les enfants des castes supérieures étudient. Et là même où les Dalits sont acceptés, ils devront notamment s'asseoir au fond de la salle et ne pas participer aux activités de la classe. Bien plus, on les maltraite souvent verbalement et ils sont susceptibles de recevoir des corrections corporelles plus fréquemment que les autres enfants. Il est aussi reconnu que certains enseignants ont l'habitude de dire que les élèves dalits n'ont pas la capacité d'apprendre à moins d'être battus[3].

Également, si un élève d'une basse caste a des troubles d'apprentissage dans une matière scolaire, personne ne peut les aider à la maison, car la plupart des parents n'étaient pas autorisés à aller à l'école dans leur jeunesse et sont donc incapables de lire ou d'écrire. Ainsi, tous ces facteurs réunis découragent l'élève à persévérer dans ses études.

Ces obstacles à vaincre sont considérables sur le plan économique et social. Gospel for Asia s'est alors empressé, par la foi, de rendre l'éducation accessible à ces enfants en situation de crise. Nous n'étions pas conscients à ce moment-là de la portée qu'aurait cette intervention sur chacune des personnes impliquées.

Des commencements encourageants

Une de nos tentatives initiales dans la réalisation d'un programme scolaire fut faite auprès des Banjaras. Le chef de cette tribu me demanda lui-même de l'aider à offrir l'éducation à leurs enfants. Nous fîmes donc notre apprentissage au fur et à mesure, mais le Seigneur fut fidèle et ces premiers efforts eurent un succès phénoménal. On présenta promptement des comptes rendus sur les répercussions des efforts déployés dans ces villages tribaux.

Les élèves furent captivés par l'amour de Christ dont ils entendirent parler et qu'ils reçurent de façon tangible de la part de leurs enseignants. Ils retournèrent à leur domicile et parlèrent de ce qu'ils avaient appris, et leurs parents commencèrent à montrer de l'enthousiasme eux aussi. Sous peu, de nouvelles congrégations furent établies dans la région.

En outre, ces changements ne passèrent pas inaperçus auprès des communautés environnantes. En très peu de temps, les chefs de ces villages supplièrent nos dirigeants de démarrer des écoles pour leurs enfants aussi.

Le rêve

Le programme scolaire commença à grandir et à se répandre, mais j'avoue que j'avais des appréhensions à l'égard de la réaction possible des gens à notre initiative. Vous comprenez, ma mission a toujours été de prêcher l'Évangile, d'établir des assemblées locales et de faire des disciples de ceux qui venaient à la connaissance du Seigneur. Tandis que d'autres faisant partie du corps de Christ pouvaient être appelés à apporter de l'aide et du réconfort temporels, je savais, pour ma part, que la destinée éternelle des gens était infiniment plus importante.

Je ne veux pas faire croire que je n'éprouve aucun sentiment et que la souffrance humaine ne me préoccupe pas. Depuis le début, les missionnaires soutenus par Gospel for Asia ont fait preuve de compassion et ont été parmi les premiers à secourir les victimes de catastrophes comme celles causées par le cyclone qui s'abattit sur l'Orissa en 1999.

En tant que chrétiens, je crois que nous devons faire tout en notre capacité pour soulager la douleur et la souffrance de ceux qui nous entourent. Cette espèce de préoccupation altruiste est un fruit naturel de l'Évangile. Néanmoins, nous ne devons jamais satisfaire les besoins physiques de quelqu'un au détriment de la prédication de Christ.

La grande mission confiée par Jésus signifie littéralement que nous parlons de l'Évangile de grâce, soit de la venue du Seigneur Jésus Christ, de sa mort et de sa résurrection qui nous apporte le salut. Cette vérité est d'une importance fondamentale et c'est pourquoi l'idée de développer cette nouvelle initiative qui semblait centrée davantage sur une justice et une compassion sociales m'était difficile à soutenir.

En conséquence, avant de développer davantage ce programme, mes hauts dirigeants et moi cherchâmes le Seigneur afin qu'il confirme que c'était l'orientation qu'il voulait que nous adoptions. Nous entrâmes donc dans une période d'ardentes prières et de jeûne. Peu de temps s'écoula et je fis un rêve que Dieu utilisa pour nous faire aller de l'avant.

Voici, je me tenais debout devant un vaste champ de blé et je contemplais une moisson manifestement mûre. Je me tenais là, pendant quelques instants, fasciné par l'abondance de la moisson qui semblait s'étendre sur des kilomètres infinis, aussi loin que mes yeux pouvaient voir.

À la vue du blé doré ondulant dans la brise, je compris soudain que je contemplais les champs dont Jésus parla dans Jean 4 et Matthieu 9. C'était comme si le Seigneur me disait que l'on pouvait disposer de cette moisson, tout comme il est dit dans le psaume 2, c'est-à-dire de demander les peuples de la terre et il nous les donnera.

Pris d'enthousiasme en voyant une moisson si impressionnante prête à être récoltée et sachant qu'elle représentait des millions d'âmes à secourir d'une éternité en enfer, je commençai à bondir de joie.

Je la voyais bel et bien cette moisson abondante. Elle est prête! Et j'étais si heureux. Je me mis à courir en direction de ce champ en criant : « Incroyable! Nous pouvons la récolter! Il nous est possible de mener toutes ces personnes au ciel! »

Alors que je m'élançais de toutes mes forces vers le champ, je pensais déjà à imprimer des tracts et à envoyer des missionnaires de porte en porte pour parler de l'Évangile au peuple et proclamer la Bonne Nouvelle à chacun de ceux qu'ils rencontreraient! C'est ainsi que je percevais la récolte de la moisson.

Mais je me trompais!

Soudain, je ne pouvais plus avancer, car il y avait là devant moi une rivière tumultueuse si large que je n'osais pas m'approcher davantage ou même tenter de la traverser. Je ne l'avais pas aperçue de l'endroit où je me tenais auparavant.

Je restai là en agonie tout en pensant : « Ma foi! La mousson arrivera bientôt et tout sera détruit. Que dois-je faire? »

J'eus le cœur brisé. Est-ce que j'allais seulement regarder la moisson sans être capable de la récolter ? Je me mis à sangloter, rempli de sentiments d'impuissance et de désespoir.

Puis tout à coup apparut devant moi un pont traversant cette large rivière d'une rive à l'autre. Le pont n'était pas étroit, au contraire, il était très large et complètement jonché de petits enfants provenant de partout en Asie, soit des enfants indigents, semblables à ceux que j'avais si souvent vus dans les rues de Calcutta, de Katmandou et d'autres villes asiatiques.

Ensuite, il me sembla que quelqu'un me parlait et disait : « Si tu désires cette moisson, elle t'appartient entièrement, mais voici le pont que tu dois traverser pour y arriver. »

Je me réveillai et je compris que le Seigneur me parlait de quelque chose d'incroyablement important, c'est-à-dire que si nous suivions ses instructions, nous verrions des millions de personnes retrouver l'espoir. Notre ministère auprès des enfants serait donc le pont qui leur permettrait de sentir l'amour de Christ.

Je parlai de ce rêve à mes collègues et nous déduisîmes tous ensemble que Dieu nous avait lancé un appel à apporter l'espoir aux enfants d'Asie. Grâce à ce « Bridge of Hope », les enfants recevraient une éducation et, par la même occasion, on leur enseignerait ce qui concerne le Seigneur. Ils ressentiraient son amour et leur famille ainsi que leur communauté apprendraient aussi que Jésus les aime. L'occasion était inespérée, mais, par-dessus tout, le fait de savoir que le Seigneur était l'instigateur de cette œuvre nous suffisait pour aller de l'avant.

Le Seigneur nous montra que si nous avions le moyen de tendre la main à ces enfants pauvres et marginalisés en son nom, ceux-ci seraient comme un pont pour entrer en contact avec leurs parents, leur communauté et leur peuple.

DE L'ESPOIR EN SITUATION DIFFICILE

L'accès à une éducation de qualité que nous offrons aux plus pauvres parmi les pauvres, nous permet de les aider à s'élever au-dessus de l'oppression dans laquelle ils ont vécu depuis des siècles. La réaction positive de la part des opprimés est souvent étonnante, car non seulement la vie des enfants est complètement transformée par l'amour pur de Christ, mais leur famille aussi est touchée et retrouve l'espoir.

Par expérience, je constatai que le message qu'un enfant

entend en grandissant a un effet sur lui tout au long de sa vie, que ce soit de l'encourager à réussir ou plutôt de lui dire qu'il est sans valeur. Par exemple, ma confiance dans le Seigneur débuta quand j'étais petit et il en fut ainsi pour ma femme. La connaissance de son amour pour nous stabilisa nos vies et nous prépara à faire face à l'avenir. De même, je suis certain qu'il vous est possible de reconnaître dans votre vie personnelle comment les choses apprises dans votre jeunesse eurent de l'effet sur votre perception de vous-même et du monde à mesure que vous grandissiez.

Il nous est enseigné dans le livre des Proverbes que si nous instruisons un enfant dans le chemin qu'il doit suivre, il ne s'en détournera pas quand il sera vieux (voir Proverbes 22.6). Par conséquent, si nous transmettons aux enfants le message de l'amour de Dieu pour eux, que nous leur enseignons qu'ils ont une grande valeur à ses yeux et qu'ils ne sont pas limités par la caste dans laquelle ils naquirent, nous leur donnons l'occasion d'accomplir de grandes choses dans la vie.

J'ai entendu dire que la libération vient par l'éducation, et c'est exactement ce qui arrive dans la vie des élèves inscrits au programme du Bridge of Hope de GFA. C'est là que se trouve la libération dont les masses d'habitants de l'Asie du Sud avaient besoin.

Je fus surpris de voir la couverture de la revue *Times* en 2006 où l'on appelait l'Inde la prochaine grande superpuissance économique[4]. Pourtant, cette déclaration n'est qu'une vérité partielle; voilà la triste réalité. Bien que l'Inde dans son ensemble s'enrichisse, la richesse de la nation se concentre de plus en plus entre les mains de la minorité éduquée, soit les hautes castes qui sont en mesure de se permettre d'envoyer leurs enfants à l'école ou au collège. Vous ne verrez presque jamais un Dalit prendre l'avion à destination des États-Unis ou de l'Allemagne pour aller étudier l'informatique ou acquérir un diplôme d'études supérieures pour devenir avocat, médecin ou ingénieur. Bref, la vaste majorité d'entre eux travaillent toujours dans les champs et les usines.

Armés de la connaissance de la grande valeur qu'ils ont aux yeux de leur Créateur plein d'amour, ces enfants ont le pouvoir de briser les chaînes qui les ont tenus en esclavage toute leur vie.

C'est pourquoi le Bridge of Hope de GFA revêt une si grande importance. En effet, l'éducation offre à ces enfants la possibilité de devenir des leaders, et des citoyens fermes et consciencieux, des personnes capables de servir et diriger leur pays au cours des années à venir. Ainsi, par l'éducation, la liberté ne sera pas confinée à une poignée d'individus.

J'entendis l'histoire d'une jeune fille qui s'épanouit rapidement en

Écoutez le rêve d'une jeune fille.
▶ Le rêve de Jassi
www.nolongeraslumdog.org

une brillante étudiante et une leader, quoiqu'elle grandît dans une situation très difficile. Sans l'intervention du Seigneur effectuée par notre Bridge of Hope de GFA, il est difficile de savoir ce qui lui serait arrivé.

Je m'appelle Angéline. Ma mère était malade quand je suis née. Je me souviens de l'avoir vue dans son lit couverte de grandes, grandes plaies. Elle souffrait toujours. Mon père nous a quittés et s'est marié avec quelqu'un d'autre. Puis ma mère est morte. J'avais quatre ans quand c'est arrivé.

Ma grand-mère a décidé de prendre soin de moi et elle l'a fait jusqu'à ce qu'elle meure aussi quand j'avais six ans. Il m'était impossible d'exprimer tout mon chagrin.

Ma tante et son mari ont alors décidé de me prendre avec eux. J'ai demeuré chez eux avec leurs deux enfants. C'était une bien petite pièce pour nous cinq et souvent nous ne mangions qu'une fois par jour. J'étais tellement triste en ce temps-là que j'avais l'habitude de rester muette. Je ne parlais à personne.

Je me suis sentie tellement effrayée et si triste quand ma tante est tombée malade elle aussi. J'étais certaine qu'elle mourrait et qu'elle allait me quitter.

Puis quelque chose de différent s'est produit. Un homme est venu et a prié pour ma tante, et son état s'est amélioré. Elle a décidé de suivre le Seigneur Jésus et elle m'a inscrite dans un centre Bridge of Hope.

Au début, je ne parlais à personne. Je m'assoyais toujours toute seule dans un coin. Mais à la longue, j'ai senti mon cœur se réchauffer. J'ai vu l'amour des personnes qui étaient là. Les femmes du centre étaient vraiment gentilles et faisaient toujours preuve de bonté envers moi.

J'ai appris beaucoup de nouvelles choses à ce centre. Mon verset préféré de la Bible est Jacques 1.5 où Dieu dit que si quelqu'un manque de sagesse, qu'il la lui demande. Je demande donc à Dieu de la sagesse et il me la donne. J'ai commencé à bien travailler à l'école et maintenant j'obtiens les meilleures notes de ma classe.

J'aime aussi beaucoup les récits de la Bible, comme l'histoire de David et Goliath, et j'aime chanter des chansons.

Je sais que j'ai beaucoup changé. J'étais tellement silencieuse quand je suis arrivée, mais maintenant j'aime parler avec les autres enfants, surtout avec ceux qui sont silencieux ou ceux qui souffrent.

Je me sens si privilégiée de savoir que Dieu m'aime et je le prie souvent. Je prie pour le centre Bridge of Hope. Je prie aussi pour les personnes qui voyagent, mais je prie surtout pour tous les malades.

Quand je serai grande, je veux parler de Jésus aux autres. Je veux parler de lui à ceux qui souffrent, qui sont seuls, pauvres ou malades. Il a changé ma vie et je veux qu'il change la vie des autres aussi.

Le Seigneur secourut Angéline et je ne doute aucunement qu'un jour elle sera une femme excellente

Pour voir Angéline s'épanouir au centre Bridge of Hope de GFA.

L'histoire d'Angéline : avant et après

www.nolongeraslumdog.org

et pieuse. Ceux qui dirigent le centre Bridge of Hope de GFA disent qu'elle a un excellent potentiel de leadership. Cette jeune fille, qui ne fréquentait pas l'école quelques années auparavant, excelle maintenant d'une façon formidable et ses notes sont parmi les meilleures de sa classe. Elle parle régulièrement de l'amour de Dieu avec de nombreux autres enfants de son village. Les ambitions d'Angéline sont grandes et en sachant que Jésus l'aime, nul ne sait jusqu'où ira son influence.

Lors de l'écriture de ce chapitre, mon assistante m'envoya un lien vers un récit qui parut dans *The Telegraph*, un quotidien publié à Calcutta. Ce récit me bouleversa profondément jusqu'à en pleurer.

Le 7 janvier 2011, plus de 50 femmes provenant d'une tribu d'un village de Malda au Bengale-Occidental s'étaient assemblées dans le but de vendre leurs enfants au marché. Je crus d'abord qu'il y avait une erreur dans le texte. Les gens vont au marché pour vendre des légumes et des choses matérielles, non pas pour vendre leurs *enfants*! Dans la suite de ma lecture, cependant, j'appris que le village entier était réduit à la pauvreté. Ces femmes n'étaient plus capables de prendre soin de leurs enfants. L'article continuait ainsi :

> Parmi les femmes, il y avait Malati Hembram qui faisait la file avec sa fille de cinq ans. « Je vais la vendre à n'importe quel prix. Ce n'est pas l'argent qui importe, tout ce que je veux c'est qu'une famille

prenne ma fille et lui donne de la nourriture, un abri et une éducation. Nous ne sommes pas en mesure de subvenir à nos propres besoins ni à ceux de nos enfants ou des vieillards dans la famille » disait Malati[5].

Je ne sais pas si l'une de ces femmes vendit réellement son enfant, mais si quelqu'un offrit de l'argent à ces mères, je pense qu'elles le firent réellement. Par la suite, je lus avec tristesse qu'il est commun de voir des femmes faire du porte-à-porte à la recherche d'une personne qui achèterait leur fils ou leur fille.

Je connais des histoires de vie de privations, de misère et de désespoir, mais celle-ci me prit par surprise. Je pris aussitôt contact avec notre directeur du champ missionnaire le plus proche de ce village, un homme qui vivait à plus de 200 kilomètres de là. Je lui dis : « Il faut établir immédiatement un centre dans ce village. »

Dans un délai d'une semaine, je reçus un appel du directeur qui confirmait l'établissement d'un centre Bridge of Hope de GFA où 150 de ces enfants désespérément affamés étaient inscrits. Le personnel du centre distribua des couvertures et répondit à quelques besoins essentiels de la population pauvre de ce village. Maintenant, ces enfants reçoivent des soins, un repas chaud chaque jour ainsi qu'une éducation. Comme il s'en trouve fréquemment, une porte s'est ouverte à nos travailleurs pour qu'ils parlent de l'amour de Christ et de l'assurance que Dieu prendra soin d'eux. Nous remercions Dieu de ce que nous pûmes prendre connaissance de leur situation avant qu'il ne soit trop tard.

Dieu sait; il entend; il voit leur douleur, et il nous a conduits jusqu'où il nous était possible, par sa grâce, d'aider à combler des besoins.

« Il m'est impossible de concevoir être un parent contraint de regarder mon enfant souffrir parce que je suis incapable de pourvoir à ses besoins. Je désire alléger cette souffrance pour les parents comme pour l'enfant. »

M. et Mme E. M.,
Parraineurs du Bridge of Hope de GFA,
Saint-Louis, Missouri

« *Ô* *combien cette petite bougie jette ses rayons! Qu'ainsi*

brille une bonne action dans un monde méchant. »

William Shakespeare, *Le marchand de Venise*[1]

CHAPITRE 5

C'EST UNE RÉALITÉ!

Un homme illettré vint auprès de nos dirigeants du Bridge of Hope de GFA avec une requête étrange, à savoir s'ils enverraient le « médecin nommé Jésus » pour aider sa femme malade. Il les supplia désespérément avec le plus grand sérieux.

Voici ce qui se passa. Dans un centre du Bridge of Hope de GFA de l'Inde du Nord-Est, Nibun, un enfant de première année, recevait non seulement une éducation normale en mathématiques, en lecture et en écriture, mais il apprenait aussi à connaître Jésus. Ainsi, il écoutait attentivement ses enseignants parler de cet homme qui guérissait les malades, chassait les démons et nourrissait les affamés.

Nibun vivait avec ses parents dans une hutte de terre. Comme bien d'autres familles pauvres, ils ne se permettaient pas le luxe d'aller à l'hôpital quand ils étaient malades, car cela coûtait tout simplement trop cher et la plupart des médecins se trouvaient à plusieurs kilomètres au loin. Bien sûr, un trajet de dix ou quinze kilomètres peut sembler court en automobile ou en bus. Par contre, cette distance est longue à parcourir sur un sentier de terre qui traverse la forêt, particulièrement quand on est malade.

La mère de Nibun était très malade. Son père faisait tout ce qu'il pouvait, et il avait même invoqué tous ses dieux. Mais l'état de sa mère continuait de s'aggraver et en peu de temps, sa condition devint critique. C'est alors qu'il raconta à son père les choses merveilleuses que Jésus avait faites. Voilà pourquoi ce pauvre homme pensait qu'il y avait un médecin qui s'appelait Jésus à notre centre du Bridge of Hope de GFA.

Afin de répondre à sa requête, deux missionnaires allèrent leur apporter de l'aide se manifestant sous diverses formes. Ils parlèrent donc de Jésus avec la famille et lui expliquèrent l'Évangile. Finalement, ils imposèrent les mains à la femme et prièrent Dieu de la guérir.

Tout comme nous lisons dans la Parole de Dieu, c'est exactement ce que le Seigneur fit dans sa miséricorde. La nouvelle se répandit comme une traînée de poudre partout dans le petit village. Également, grâce à ce miracle, plusieurs autres personnes connurent le Seigneur. La semaine suivante, encore plus de familles mirent leur confiance en Jésus.

Afin de comprendre à quel point cette histoire est incroyable, il est important de savoir que cette communauté en particulier n'avait démontré aucun intérêt auparavant à entendre la Bonne Nouvelle. Ces habitants voulurent en savoir davantage seulement après la guérison de la mère de Nibun.

En conséquence, la première Église de l'histoire de cette communauté fut rapidement établie. Maintenant, l'Évangile qui transforme des vies continue de se répandre dans les villages environnants, et plus de gens expérimentent la puissance salvatrice de Christ.

Pensez-y bien! Si Nibun recevait une bonne éducation, de la nourriture à satiété, des vêtements et tous les mêmes bienfaits physiques que nous lui

Allez voir comment Dieu apporte une vie nouvelle à une famille.

L'histoire de Nibun

www.nolongeraslumdog.org

114

procurâmes, *mais* s'il n'avait jamais eu l'occasion d'apprendre à connaître le Seigneur Jésus Christ et la Parole de Dieu, que serait-il arrivé?

Aurait-il été capable de parler du « médecin nommé Jésus » qui guérit sa mère? Combien de personnes auraient connu le Seigneur en ce jour? Il n'y aurait probablement pas d'Église dans ce village. Sans la puissance libératrice de l'amour de Christ, combien de personnes continueraient de vivre avec la pensée d'être pris au piège, d'être sans valeur et sans espoir?

Il est d'une très grande importance de ne pas considérer l'assistance matérielle seule comme étant « l'accomplissement » de la grande mission d'évangélisation. Si notre but ne vise que l'amélioration de la situation sociale des gens sans atteindre leur âme, alors nous ne différons en rien des centaines d'autres organisations de secours actuelles.

Le réveil miraculeux qui s'est produit dans ce village commença par un petit garçon nommé Nibun qui entendit parler du Seigneur pour la première fois de sa vie dans un centre du Bridge of Hope de GFA.

Par surcroît, son histoire n'est pas une exception, c'est une réalité presque quotidienne.

ILS TROUVENT DE L'ESPOIR

Mes yeux se remplissent de larmes de joie à la pensée des dizaines de milliers d'enfants chéris qui sont dans nos centres. Grâce à nos missionnaires nationaux qui servent dans ces communautés marginalisées, les enfants trouvent de l'espoir en Jésus.

Sources de vie et de guérison, les centres du Bridge of Hope de GFA sont des installations établies dans une communauté où l'on peut accueillir jusqu'à 200 enfants par jour. Nous appliquons une approche holistique de leur développement en ciblant trois domaines principaux : la croissance physique, mentale et spirituelle de l'enfant.

Les besoins physiques

Chacun des centres du Bridge of Hope de GFA est adapté pour répondre aux besoins physiques spécifiques des enfants du centre. Par exemple, nos spécialistes de la nutrition déterminent la nourriture et les vitamines requises dans chaque centre, et composent un repas quotidien en conséquence. De plus, le centre fournit à chaque enfant un uniforme, un sac à dos et du matériel scolaire, par exemple des crayons et des livres.

De plus, tandis que les membres du personnel observent les enfants, ils peuvent reconnaître d'autres articles dont ceux-ci ont besoin, comme du dentifrice et des serviettes dont un grand nombre d'enfants n'ont jamais entendu parler.

On avait désespérément besoin de ce matériel au Tamil Nadu et au Sri Lanka après la dévastation causée par un tsunami qui déferla en 2004 sur l'ensemble de l'Asie du Sud et tua environ 200 000 personnes en écrasant des villages entiers et en laissant plus d'un million d'habitants sans abri[2].

Il y eut une jeune femme nommée Mariyam dont la vie fut presque ruinée par les vagues monstrueuses. Avant qu'elles ne frappent, son mari gagnait environ 500 Rs IN (11 $ CA) par jour en vendant du poisson. La famille était bien nourrie et les enfants étaient capables de fréquenter l'école. Mais c'était la

La possibilité de manger chaque jour n'est plus un luxe pour les nombreux enfants des centres du Bridge of Hope de GFA.

situation avant d'avoir perdu tous ses bateaux de pêche. Sans les bateaux, il n'y avait pas de revenus.

Son mari alla demander de l'aide à ses parents, mais ils refusèrent parce que Mariyam appartenait à une caste inférieure à la leur. À son retour à la maison, accablé de chagrin, il agit de façon inconcevable : il se suicida en se déversant du kérosène sur le corps et en y mettant le feu.

Mariyam fut laissée à elle-même en état de choc. Elle se retrouvait veuve, boitant d'un pied, avec un bébé fille et deux garçons d'âge scolaire, et sans revenu. Elle faisait tout son possible pour vendre des bricoles, mais elle gagnait seulement environ dix à vingt roupies (autour de 30 cents) par jour. La famille ne survivait pas.

C'est à ce moment que le Seigneur envoya une sœur de l'Église locale pour lui rendre visite et lui parler de l'amour de

117

Christ. Mariyam, en entendant qu'il y avait un Dieu qui l'aimait au milieu de cette souffrance, reçut Jésus dans son cœur. Elle commença à fréquenter une Église et entendit parler du Bridge of Hope de GFA.

Ses fils furent admis dans le programme du Bridge of Hope de GFA grâce auquel leurs frais de scolarité furent payés et ils reçurent de l'aide pour leurs études. On leur donna aussi un repas sain chaque jour, ce que leur mère était incapable de leur fournir. Puisque les garçons étaient orphelins de père, le personnel du centre prit soin d'eux d'une manière toute spéciale. Pour la première fois de leur vie, les deux frères entendirent des chansons et des histoires au sujet de Jésus. Maintenant, la famille entière s'est rapprochée du Seigneur grâce aux soins et aux provisions offerts par notre Bridge of Hope de GFA.

Kavisan, le fils de Mariyam, partage l'espoir qu'il trouva à la suite du tsunami. La vie de Kavisan : du tsunami jusqu'à l'espoir www.nolongeraslumdog.org

Une vie saine

Une partie du programme scolaire enseigné aux centres concerne la santé et l'hygiène. Nous enseignons aux enfants l'importance de se laver les mains après l'utilisation des installations sanitaires et avant de manger, ainsi que de prendre un bain d'une manière régulière. Ils passent aussi un examen médical annuel. D'ailleurs, c'est la première fois que beaucoup de ces enfants voient un médecin.

Confortablement installés dans nos demeures dotées d'eau courante, d'un système de climatisation centrale et de couvertures en quantité, il est difficile d'imaginer comment le simple geste de prendre un bain est susceptible d'avoir des retombées éternelles sur la vie d'une personne. Pourtant, c'est exactement ce qui arriva dans un de nos centres au Bengale de l'Ouest.

À ce centre du Bridge of Hope de GFA, il y avait deux garçons indisciplinés nommés Deepan et Chitral. Bien que leur père fut opposé à la foi chrétienne, il inscrivit tout de même ses enfants au centre afin qu'ils puissent recevoir une éducation. Cette famille était pauvre et ne connaissait presque rien à l'hygiène. Vu cette situation, les deux frères étaient couverts de plaies lorsqu'ils arrivèrent au centre pour la première fois.

Le personnel du centre commença par baigner les garçons avec de l'eau chaude. Il parla d'hygiène aux parents, mais ceux-ci ne voulaient pas écouter. Néanmoins, le personnel appliquait le traitement médical et pansait leurs plaies et les garçons guérirent finalement grâce aux soins prodigués et à la prière.

Au fil du temps, Deepan et Chitral se montraient plus disciplinés et leurs parents le remarquèrent. Chez eux, les frères chantaient des chansons apprises au centre. Ils priaient avant les repas et avant d'étudier.

Leur père et leur mère étaient stupéfaits. Leurs cœurs s'ouvrirent peu à peu à l'Évangile et ils décidèrent de suivre Jésus. Maintenant, la famille entière fréquente l'Église avec régularité. Cette histoire n'est pas inhabituelle, car la vie de nombreux parents et voisins changea par suite de la présence d'un centre du Bridge of Hope de GFA dans leur village.

L'excellence scolaire

D'une année à l'autre, les enfants qui fréquentent les centres du Bridge of Hope de GFA obtiennent sans cesse des notes élevées dans leur classe. Il y a même de ces élèves qui se classent les premiers. En outre, les élèves de nos centres sont en général parmi les enfants qui ont les résultats les plus élevés dans l'État du Népal et partout en Inde. Comment cela se fait-il?

Ces élèves apprennent avec l'aide des enseignants qui travaillent avec eux de bonnes habitudes d'étude. Ils ont le temps approprié pour poser des questions, bénéficier d'un tutorat et apprendre à penser de manière créative. On encourage les enfants à prier le Seigneur pour acquérir de la sagesse et de l'intelligence dans leurs études. C'est pourquoi ils progressent à l'école et obtiennent des notes supérieures aux examens, ce qui accroît leur confiance et les encourage à continuer de fréquenter l'école.

Ghalib était un garçonnet indiscipliné qui désobéissait et trouvait difficile de se concentrer sur quoi que ce soit. Il s'opposait à ses parents comme ces derniers le faisaient d'ailleurs l'un envers l'autre.

Puis sa mère entendit parler du Bridge of Hope de GFA, elle l'y inscrivit et le força à y aller. Il dit dans ses propres mots qu'il a « trouvé quelque chose de nouveau ».

Grâce à la tutelle vigilante sous laquelle il fut placé, il apprit à accorder une attention particulière à ses études et il commença à réussir à l'école. Il apprit aussi à connaître l'amour de Jésus et il commença à apprécier sa nouvelle situation. Il mémorisa le Psaume 23 et il prie souvent le Seigneur. Quand on lui demanda de parler de son expérience, Ghalib répondit : « Dieu a vraiment béni ma famille et moi. »

Des leçons pour la vie

En plus des leçons concernant la discipline et les études,

les enfants apprennent également des valeurs morales bibliques telles que l'importance de respecter leurs parents et les personnes âgées, de dire la vérité et de ne pas être désobéissants d'une manière intentionnelle. Les parents remarquent rapidement ce

Les enfants apprennent des habiletés telles que la discipline, l'hygiène et les bonnes manières. Ils deviennent plus respectueux et courtois, et ils sont davantage portés à étudier et à aider leurs parents dans leur foyer.

changement d'attitude et de comportement.

Les parents de Padimni vinrent à notre centre du Bridge of Hope de GFA afin de remercier les enseignants pour le changement qu'ils observèrent dans le comportement de leur fille. Leur fille avait été une voleuse la majeure partie de sa vie. En effet, elle volait souvent de la nourriture à sa famille et de l'argent à son père. Mais un jour, au centre du Bridge of Hope de GFA, elle entendit parler de Jésus, ce qui transforma complètement sa vie. Padimni écouta attentivement une leçon à propos du vol. Elle apprit que le vol était mal et qu'elle devait changer de comportement. C'est alors ce qu'elle fit!

Un autre enfant, un garçon nommé Isar, se battait constamment avec les garçons du voisinage. Ses parents l'avertissaient qu'il n'aurait plus d'amis à cause de ses actions. Ils avaient raison, car il se retrouva sans amis.

C'est alors qu'il rencontra deux nouveaux garçons inscrits dans un centre du Bridge of Hope de GFA à proximité. Ils se lièrent d'amitié avec lui, même s'il était un enfant coléreux. Il demanda à sa mère s'il pouvait aussi aller au centre et elle l'inscrivit donc.

Les changements dans les comportements d'Isar furent rapides et spectaculaires. Ses parents ne recevaient plus de plaintes au sujet de son mauvais comportement. Il se fit de nombreux amis et apprit à respecter ses parents et les personnes âgées. Tout son caractère et son attitude changèrent.

Des leçons spirituelles

Une des choses les plus merveilleuses dont nous entendons parler est la manière dont Dieu se révèle à ces enfants. Alors qu'ils entendent la Parole du Seigneur et qu'ils expérimentent son amour dans les centres, le Saint-Esprit fait un travail dans le cœur de ces jeunes en leur montrant la fidélité de Dieu. Il est merveilleux de voir les enfants faire monter leurs prières au Seigneur et d'être témoin de leur joie causée par les réponses extraordinaires qu'il donne.

Rinvi en est un parfait exemple. Cette jeune fille s'intéressait davantage à entendre parler de Jésus qu'à jouer. Elle se souvenait des détails de toutes les histoires qu'elle entendait.

Son grand-père, qui vivait avec sa famille, était aveugle. Ils avaient essayé tout ce qu'ils avaient pu, y compris une opération, mais ces efforts n'avaient servi à rien. Puis un jour, Rinvi se souvint d'un récit à propos d'un aveugle que Jésus avait guéri. Ce récit lui donna une raison de croire que le Seigneur était aussi capable de guérir son grand-père.

Quand elle arriva chez elle ce jour-là, elle dit avec audace à son grand-père que le Seigneur était capable de le guérir. Elle lui demanda donc de se fermer les yeux, puis elle pria pour sa guérison. Tandis qu'elle priait, il recouvra la vue.

Après ce miracle, la foi de Rinvi se mit à grandir. Un jour

Les enfants apprennent à prier au Bridge of Hope de GFA et il est merveilleux de voir la manière dont Dieu répond maintes et maintes fois à leurs requêtes. Leur foi en Dieu grandit alors qu'il guérit les malades, transforme des vies et accomplit des miracles.

qu'elle était retenue au centre du Bridge of Hope de GFA à cause des fortes pluies, elle pria pour que la pluie cesse… et elle cessa!

Une autre fille, Madhari, désirait que Dieu guérisse son père, car il vomissait depuis deux jours. Elle pria pour lui et Dieu le guérit!

Puis, il y avait un garçonnet qui s'appelait Balaji. Il n'avait que cinq ans! Au centre qu'il fréquentait, il entendit des histoires au sujet des guérisons miraculeuses opérées par Dieu. Ainsi, quand son ami et lui eurent tous deux de la fièvre, il pria ce soir-là pour être guéri afin de pouvoir retourner à l'école. Le matin suivant, il se réveilla en parfaite santé et il était surpris de constater que son ami était encore malade! Alors, plus tard ce soir-là, Balaji dit à son ami qu'il lui fallait demander à Jésus de le guérir lui aussi.

La foi magnifiquement simple de ces enfants m'ébahit. « Dieu l'a dit, alors c'est vrai. » Ils mémorisent les Écritures, des psaumes et des chapitres entiers, aussi bien que des chansons accompagnées de gestes et des récits bibliques.

Les enfants apprennent par les exemples qu'ils ont sous les yeux, et lorsqu'on leur donne un bon exemple à suivre, ils s'en inspireront et se modèleront sur cet exemple. C'est ce qui se produisit dans un des centres du Bridge of Hope de GFA du Bengale de l'Ouest.

Sagen est un garçon de huit ans vivant dans un village pauvre où il n'y a pas d'électricité. La plupart des habitants de ce village travaillent durement aux champs qui entourent leurs demeures.

Au centre qu'il fréquente, les enfants voient souvent le personnel prier pour toutes sortes de sujets. Le personnel encourage aussi les enfants à prier les uns pour les autres. Par conséquent, ceux-ci formèrent des groupes de prière et l'on peut les voir presque chaque jour, à l'intérieur ou à l'extérieur de l'école, prier pour les besoins respectifs. Sagen est à la tête d'un de ces groupes qui acquit une solide réputation.

Sagen et plusieurs autres enfants prirent connaissance de la situation d'un garçon nommé Santanu Malik qui était malade depuis plusieurs années. Il vivait dans le village voisin à quelque distance de là. La mère du garçon était si affligée de sa maladie qu'elle pensait : « Si je le pouvais, j'irais dans le ventre de la terre ou j'irais au-dessus du ciel pour échapper à cette situation. »

Son fils avait une tumeur au cerveau qui le rendait incapable de marcher. Parfois, les muscles du côté droit de son corps se contractaient violemment, et il ne mangeait pas beaucoup. Sagen et les garçons rendirent visite à Santanu à maintes reprises pour prier pour lui, mais rien ne semblait se passer. Ils persistèrent malgré tout et, un jour, il fut tout à coup guéri! Il alla même dehors jouer avec ses nouveaux amis.

Depuis ce jour, on a demandé à Sagen et à ses jeunes « partenaires de prière » de prier pour beaucoup d'autres habitants du village. Quand son grand-père souffrit de douleurs à l'estomac, il dit simplement : « Sagen, toi, tu sais prier. Alors prierais-tu pour moi? » Le jour suivant, son grand-père lui dit : « Par tes prières, j'ai été guéri. »

C'est à un point tel que lorsque quelqu'un du village tombe malade, on appelle les garçons de cette équipe de prière. Dieu utilise leurs prières pour ouvrir de nombreux cœurs à lui.

Sagen continue de prier, car comme il le dit lui-même : « Vraiment, c'est si merveilleux de

Soyez témoin de la puissance incroyable de la prière des enfants.
La puissance de ceux qui sont humbles
www.nolongeraslumdog.org

pouvoir parler avec le Créateur de l'univers! Quand nous prions Jésus, nous nous sentons bien dans notre cœur. »

Je suis profondément ému en voyant des petits enfants comme eux qui prennent part à l'œuvre du Seigneur! Ce n'est pas étonnant que Jésus ait dit : « Vraiment, je vous l'assure : si vous ne changez pas d'attitude et ne devenez pas comme de petits enfants, vous n'entrerez pas dans le Royaume des cieux. » (Matthieu 18.3, Sem) Nous avons beaucoup à apprendre de ces petits.

Les familles prospèrent

Les parents des enfants de nos centres du Bridge of Hope de GFA nous racontent souvent des choses surprenantes qui se produisent dans leur foyer par leurs enfants. Les enfants agissent comme un canal de l'amour de Dieu en enseignant à leurs parents ce qu'ils ont appris.

Voici l'histoire d'une telle famille transformée par la fréquentation de leur fils d'un centre du Bridge of Hope de GFA. Rajiv, le père du garçon, raconte ce qui se passa.

De retour du centre du Bridge of Hope, mon fils avait l'habitude d'arriver chez nous et de dire : « C'est ça que monsieur a dit, et c'est ça que notre enseignant nous a enseigné. » Il venait tout nous raconter au sujet de la vie spirituelle, de notre façon de vivre, de notre santé et de l'hygiène. C'était pas mal excitant! Alors, quand mon fils me dit quelque chose, par exemple, à propos de l'hygiène, je change.

Certaines des choses qu'il dit à propos de la prière et de Jésus me touchent vraiment. Petit à petit, je change selon ce qu'il nous dit.

Le Bridge of Hope a vraiment apporté une sorte de réveil spirituel dans ma vie. Au fond, je suis une personne illettrée. Je ne sais ni lire ni écrire. Bien souvent, mon fils venait et répétait les mots qu'il avait appris au centre du Bridge of Hope. « C'est ce que la Parole de Dieu dit. » Tant de fois, quand nous faisions de mauvaises choses, la Parole de Dieu nous parlait, et parce que c'était la Parole de Dieu qui parlait, nous changions beaucoup.

Dans notre foyer, nous prions chaque jour pendant 15 à 20 minutes. Mon fils lit la Bible et nous chantons quelques chants. Maintenant, Jésus est le centre de notre vie. Nous ne pouvons pas abandonner Jésus et nous en aller ailleurs parce que Jésus est avec nous et il nous dirige chaque jour. J'ai pris conscience de ces réalités spirituelles par l'entremise de mon fils et grâce au Bridge of Hope.

Les enfants ne sont donc pas les seuls à être transformés. Leurs parents observent leur conduite et apprennent à connaître le Seigneur par eux, et leur vie en est aussi influencée. Par exemple, je me souviens avoir entendu parler d'un garçonnet nommé Ruhan et de la manière dont le Seigneur intervint dans la vie de ses parents et les préserva de prendre une décision catastrophique.

Un matin, Ruhan arriva en larmes à son centre du Bridge of Hope de GFA. Il venait tout juste d'apprendre que ses parents s'en allaient demander le divorce ce jour même. Il ouvrit son cœur

Les enfants rapportent chez eux leur joie nouvelle et la partage avec leurs parents.

à l'un des membres du personnel. Lorsque ceux-ci constatèrent ce qui se passait, le dirigeant et le travailleur social du centre se précipitèrent au palais de justice afin de prodiguer quelques conseils maritaux de dernière minute.

Ses parents avaient décidé de divorcer parce qu'ils avaient des problèmes. Les deux membres du personnel furent capables de les conseiller et de les aider à comprendre l'importance de restaurer leur mariage brisé, non seulement pour eux-mêmes, mais aussi pour leur fils.

Grâce à cette intervention, aux prières et à l'aide fournie par le personnel, les parents de Ruhan s'engagèrent de nouveau à s'accepter l'un l'autre et à vivre ensemble.

Alors qu'ils apprenaient à connaître davantage Jésus, leur cœur s'attachait de nouveau l'un à l'autre. Ils possèdent maintenant un mariage solide et la famille entière progresse dans la connaissance salvatrice du Seigneur. La paix de Dieu dans leur vie est évidente pour tous.

LE PROGRÈS DE LA COMMUNAUTÉ

Comme pour Nibun, le petit garçon dont le père pensait que Jésus était un médecin, la guérison apportée par un centre du Bridge of Hope de GFA s'étend jusqu'à la communauté entière. Chacun des enfants retourne à la maison avec les connaissances acquises et en parle à leurs parents, de même que le personnel ouvre le centre et invite les gens à y venir.

Notre personnel dûment formé est capable d'aider les villageois qui luttent contre des problèmes tels que l'alcoolisme ou les conflits familiaux. Grâce à la prière et aux conseils donnés, des villages entiers furent transformés et ne sont plus des endroits sans espoir, mais ils sont plutôt remplis de gens joyeux et bienveillants qui ont finalement une raison de vivre.

Nous travaillons fort pour bénir la communauté de multiples façons. Il arrive qu'un centre offre des ateliers à la population au sujet des soins de santé ou prépare une présentation pour un jour férié. Les centres du Bridge of Hope de GFA financent aussi des « journées communautaires » durant lesquelles le personnel sort pour nettoyer les tranchées et les arrêts de bus.

Nous forons des « Puits de Jésus » qui fournissent de l'eau

pure à ceux qui, autrement, devraient marcher de longues distances ou pour les habitants à qui l'on interdit l'accès à l'eau à cause de leur caste. Nous offrons des programmes d'alphabétisation, de formation professionnelle et de microfinancement dans le but de permettre aux hommes et aux femmes pauvres d'échapper à la pauvreté et à l'oppression dans lesquelles ils furent pris au piège pendant plusieurs millénaires.

Nos cliniques sont souvent fréquentées par tout le village. Il y a tant de gens qui ont besoin d'aide qu'ils attendent parfois en ligne toute la journée seulement pour qu'un médecin les examine!

Gospel for Asia distribue chaque Noël un catalogue d'articles variés tels que des machines à coudre, des appareils servant à filtrer l'eau, des chèvres, des poules et des rickshaws que les gens qui ont les moyens peuvent acheter pour les habitants de l'Asie. Les travailleurs sociaux des centres du Bridge of Hope de GFA connaissent les familles pauvres de la communauté qui bénéficieraient le plus d'une vache ou d'un filet de pêche reçus en cadeau. Ces articles montrent d'une façon tangible l'amour de Christ, ainsi qu'ils sont des outils pour aider à briser le cercle de la pauvreté si répandu dans les communautés de Dalits et de basses castes.

Parmi tous ces programmes, nous avons observé que l'aide accordée aux enfants est le pont le plus large pour donner de l'espoir à une famille, à un village ou à un peuple.

Le personnel des centres du Bridge of Hope de GFA est capable de conseiller les parents, comme ce fut le cas pour Ruhan, et leur donner une nouvelle perspective de vie. La santé des villageois s'améliora puisqu'auparavant ils ignoraient les règles sanitaires qu'ils apprennent maintenant, comme avec Deepan et

Chitral. Le Dieu tout-puissant répond aux prières des enfants, comme il entendit les cris de Rinvi, de Balaji et de Sagen. Des enfants comme Padimni et Isar s'épanouissent en devenant des élèves qui se comportent bien et qui excellent dans leurs études. Chacun de ces enfants a eu une influence sur sa communauté et est un témoignage du pouvoir transformateur du Seigneur.

Au fur et à mesure que les habitants apprennent à connaître le Seigneur et à expérimenter la vie qu'il leur offre, des communautés entières sont radicalement transformées, la grâce règne, la paix règne aussi et les gens sont revêtus d'un amour surnaturel les uns envers les autres. Même les tribus engagées dans des conflits sanglants depuis belle lurette se rencontrent pour adorer le Seigneur dans l'unité.

Il est impossible de dire toute l'ampleur de ce que le Seigneur accomplit en Asie actuellement, car personne n'est au courant de façon absolue de tout ce qui se passe! Toutefois, les événements qui se produisent dans une des communautés de l'Uttar Pradesh mettent en relief l'œuvre impressionnante du Seigneur.

La première fois que nous nous rendîmes dans cette communauté, nous fûmes frappés par le climat de désespoir et d'oppression dans lequel les habitants vivaient. Les enfants n'étaient pas éduqués, ils étaient à peine vêtus et malades pour des raisons faciles à éviter, soit un manque d'eau saine à boire ou une carence en vitamines. Les parents et leurs enfants travaillaient durement toutes les heures du jour ou bien ils ne travaillaient pas du tout et étaient affamés. De nombreux hommes revenaient au foyer et faisaient violence à leur femme et leurs enfants tout en gaspillant leur argent pour l'achat de drogues et d'alcool. Ils ne connaissaient rien de l'amour véritable de Christ.

Pendant les quelques années passées, Gospel for Asia concentra ses efforts sur la manifestation de l'amour de Christ envers ce peuple souffrant, ce qui fut accompli en forant des Puits de Jésus, en créant des centres du Bridge of Hope de GFA, en organisant des cliniques qui durent une journée, en établissant des programmes d'alphabétisation pour les femmes et, fondamentalement, en faisant tout ce qui est possible pour aider ces personnes à mieux survivre aux conditions extrêmement difficiles dans lesquelles elles naquirent.

Il fut tout simplement stupéfiant de voir ce que Dieu fit! Dans cette seule communauté, 2 000 familles vinrent à connaître l'amour de Christ et décidèrent de le suivre! Pour la première fois, les enfants reçoivent une éducation et les mères apprennent à lire. Des centaines de maris qui étaient ivrognes et qui avaient l'habitude de faire violence aux membres de leur famille devinrent des hommes raisonnables et honnêtes. Leur intelligence fut renouvelée, leur cœur fut réchauffé les uns envers les autres et les gens commencent à se soucier des autres, non pas seulement d'eux-mêmes.

Ces personnes virent à quel point nous nous efforçâmes de les aider et de les aimer au sein de la dépravation dans laquelle ils vivent. Ils veulent savoir ceci : « Pourquoi faites-vous cela? Qu'en est-il de votre Dieu qui vous incite à nous venir en aide? »

Ces histoires se répétèrent sans cesse. Par la grâce de Dieu, il existe des centaines de témoignages comme ceux-ci. L'assistance physique seule ne peut justifier l'étonnante transformation dont nous avons été témoins dans ces villages. Il n'existe qu'une seule façon de l'expliquer : *l'Esprit Saint souffle en Asie.*

Cela se déroule sous nos yeux

Levez les yeux. Les enfants sont nourris, vêtus et aimés. Ils reçoivent une éducation telle qu'aucun membre de leur famille n'en reçut auparavant. Des milliers d'entre eux expérimentent l'amour de Christ. Plus de 60 000 enfants sont inscrits dans les centres du Bridge of Hope de GFA (en date de mars 2011), mais que représente ce nombre par rapport aux millions d'enfants qui vagabondent encore sans espoir?

Les possibilités actuelles sont incroyables. Il n'y eut jamais auparavant en Asie un aussi grand nombre de personnes ouvertes au message d'amour qui se trouve dans l'Évangile. En tant qu'imitateurs de Christ, il nous faut réagir pendant que nous le pouvons.

Quelqu'un dit un jour : « La moisson arrive à un moment déterminé. » Dans mon village en Inde, il y a des centaines de fermiers. Mes propres frères sont fermiers. Quand le temps de la moisson arrive, personne ne part en vacances. Personne ne dit : « Partons pendant un mois et profitons de la vie; quand nous reviendrons, nous ferons l'ouvrage. » Pourquoi?

Parce que dans quelques semaines, la pluie commencera à tomber. La saison changera et la moisson entière sera détruite si elle n'est pas engrangée. Il ne faut jamais dire : « Plus tard... demain... le mois prochain... dans deux ans, j'irai recueillir la moisson. » L'occasion sera manquée.

Le besoin est presque écrasant. Le nombre très élevé d'enfants nous fait tomber à genoux. Mais ne vous inquiétez pas de l'ampleur de la tâche, car vous *avez le moyen* de faire une différence dans la vie d'un enfant.

Dans certaines parties du monde, quand la marée de l'océan

monte, elle apporte des milliers d'étoiles de mer. Puis la marée descend et laisse sur le rivage des milliers d'entre elles qui, pour un grand nombre, sont incapables de retourner en toute sécurité dans l'eau avant que le soleil se lève et les dessèche.

Un jour, un homme marchait sur le rivage et vit un tel spectacle. Il considéra toutes ces étoiles de mer, attristé de ce qu'un si grand nombre d'entre elles allaient mourir.

Puis il vit un jeune garçon qui marchait dans la direction opposée. Le jeune s'arrêtait pour ramasser une étoile de mer et la jeter dans l'océan. Il continua d'agir ainsi, c'est-à-dire d'en ramasser une et une autre et de les rejeter dans l'eau.

« Pourquoi fais-tu cela? » demanda l'homme au garçon. « Ne vois-tu pas qu'il y a des kilomètres et des kilomètres de rivage? Tu perds ton temps. Tu ne feras jamais la différence. »

Le garçon ramassa simplement une autre étoile de mer et la projeta dans l'océan. Alors qu'elle toucha l'eau, il dit : « J'ai fait une différence pour celle-là. »

À l'exemple de ce garçonnet, il nous est impossible de sauver tous ces enfants, mais vous et moi *sommes en mesure* de faire une différence. Ne nous laissons pas arrêter de faire ce que nous pouvons faire par ce que nous ne pouvons pas faire.

 Je vois les visages de ces chers enfants et j'éprouve une vive sympathie pour eux. J'aime croire qu'une personne peut faire une différence, même si ce n'est qu'un enfant à la fois. »

Mme M. L.,
Parraineuse du Bridge of Hope de GFA,
Saltsburg, Pennsylvanie

« *Nous savons tous au fond de nous-mêmes qu'une seule ac-tion charitable vaut mieux que tous les meilleurs senti-ments du monde.* »

James Russell Lowell[1]

CHAPITRE 6

QUE FAIRE MAINTENANT?

Il y a quelques années, lors d'une conférence à Los Angeles, je parlai des souffrances des Dalits et du désespoir de leurs enfants. Quelques-unes des statistiques bouleversèrent mon auditoire, par exemple le fait qu'il y a 50 millions d'enfants travailleurs en Inde seulement[2] ou que 1,2 million d'enfants sont vendus en tant qu'esclaves ou prostitués chaque année[3].

À la fin de la séance, un homme s'approcha de moi et me remit un CD me disant : « Assurez-vous d'écouter la chanson *What Now*. Vous l'aimerez. » C'était un CD du musicien Steven Curtis Chapman[4]. J'écoutai la chanson plus tard dans la journée et les paroles me firent monter les larmes aux yeux.

Dans cette chanson, vous vous retrouvez face à face avec une petite orpheline indigente qui habite de « l'autre côté du monde » et qui vous regarde tout simplement. C'est alors que le Seigneur intervient et, essentiellement, dit : « Je suis cette fillette. » Puis la question du Seigneur reste en suspens : « *Que faire maintenant?* »

Je dois vous signaler, cher lecteur, qu'il ne vous est plus permis de dire que vous ne le saviez pas, car vous avez vu leurs visages au cours de la lecture de ce livre. Alors je suis persuadé que vous avez ressenti leur douleur.

La question qu'il me faut poser est celle-ci, et je la pose dans l'intérêt de ces enfants et du Dieu qui se soucie d'eux : « Que ferez-vous à partir de maintenant ? »

Tout comme moi, je crois que vous désirez les secourir. Par conséquent, je pense que vous avez entendu leurs appels à l'aide et que vous espérez avoir la possibilité de faire quelque chose pour leur porter secours.

Ainsi, je veux vous informer que vous avez cette possibilité de faire partie de l'équipe de secours. Veuillez ainsi vous joindre à nous alors que nous bâtissons ce « bridge of hope » pour les enfants de l'Asie du Sud.

Le cours de la vie de ces enfants changea complètement parce qu'ils fréquentent un centre du Bridge of Hope de GFA.

Il est déjà évident que le Seigneur désire grandement voir que nous entrions en relation avec ces jeunes et il nous donna ce privilège unique de l'accompagner dans une abondante récolte. C'est pourquoi sachons tirer avantage de cette occasion pour s'impliquer dans son œuvre merveilleuse.

PRIEZ

À la vue de ces photos d'enfants ou à l'écoute des récits de leur souffrance, ne vous limitez pas au chagrin et à la compassion que vous éprouvez; commencez à *prier*. Rien n'est aussi crucial à notre ministère que la prière. Sir Thomas Buxton dit : « Vous connaissez la valeur de la prière; elle est inestimable. Ne la négligez jamais, jamais[5]. »

Comme vous l'avez lu dans les chapitres précédents, Dieu répond quand son peuple crie à lui. Priez pour les enfants que vous voyez et au sujet desquels vous lisez. Si vous ne connaissez pas le nom d'un certain enfant, inventez-en un. Dieu sait de qui vous lui parlez et il accomplira son œuvre de transformation dans la vie de cet enfant.

Notre personnel prie depuis quelque temps pour que les agressions sexuelles perpétrées sur des fillettes d'Asie cessent. Nous fûmes dernièrement encouragés par le récit suivant de la réponse de Dieu.

Au Sri Lanka, il y avait un village de travailleurs qui vivaient dans des cabanes. Chaque soir, des hommes du voisinage venaient violer les jeunes filles. Les pauvres travailleurs ne pouvaient rien faire pour les arrêter et vivaient constamment dans la peur.

Quand l'un de nos missionnaires découvrit cette situation,

il alla rencontrer les autorités qui réagirent en assurant la protection des habitants. En outre, ils permirent au missionnaire, pasteur Sampath, à sa femme et à plusieurs femmes de l'Église de pourvoir aux besoins des gens de ce village. Par conséquent, ceux-ci donnent maintenant le bain aux enfants, leur coupent les ongles, leur fournissent des repas équilibrés et leur distribuent des vêtements. Le Seigneur est à l'œuvre; je suis persuadé qu'il entendit nos prières pour ces fillettes.

Vous aussi, vous avez littéralement le pouvoir de changer des vies au moyen de la prière, car Dieu est disposé à répondre. En effet, vous souvenez-vous de l'histoire de Nadish et de la manière dont le Seigneur le secourut?

Si vous voulez des idées de sujets de prière, visitez notre site Internet à www.gfa.ca/slumdog/pray et vous y verrez une multitude d'enfants et de familles pour lesquels prier. Regardez leurs images, lisez leur histoire et écoutez leurs chants.

Depuis le début il y a plus de 30 ans, Gospel for Asia a toujours été un ministère où la prière prédomine. Nous intercédons en faveur du monde perdu chaque mardi soir et le premier vendredi de chaque mois. Je vous encourage donc également à prier. S'il existe une rencontre de prière à votre église, joignez-vous à cette équipe pour ajouter votre foi à la leur. Par contre, s'il n'en existe

Écoutez chanter Ahanti.
Ahanti : Un nouveau chant d'espoir
www.nolongeraslumdog.org

pas, pourquoi ne pas créer votre propre groupe de prière? Invitez autant de personnes que possible, peu importe l'âge. Quand nous avons des requêtes de prière particulières, nous demandons aux enfants de notre siège social de prier... et Dieu répond!

J'écrivis un feuillet concernant la manière de tenir une

réunion de prière efficace et vivante. Il est possible de télécharger gratuitement ce feuillet intitulé *Lignes directrices pour des réunions de prière efficaces* sur Internet. Veuillez faire en sorte de prier régulièrement et soyez assuré que Dieu entend et qu'il répond. De plus, vous serez bénis de vous approcher du Seigneur et de chercher sa face.

DONNEZ-LEUR DE L'ESPOIR

Je vous encourage à faire encore un pas de plus. Il vous est possible d'avoir une influence directe sur la vie d'un enfant grâce à notre ministère du Bridge of Hope de GFA. Vous intercéderez en faveur d'un enfant en particulier, un jeune garçon ou une jeune fille de l'Asie. L'argent que vous donnez, soit seulement 35 $ CA par mois, permettra d'offrir à un enfant de la nourriture, des vêtements, des fournitures scolaires ainsi qu'une éducation. Cet enfant passera un examen médical tous les ans et aura enfin un endroit pour rire et grandir en sécurité. Mais par-dessus tout, votre enfant parrainé apprendra à connaître l'amour de Christ qui transforme des vies.

Si vous désirez parrainer un enfant du Bridge of Hope de GFA, détachez la carte de parrainage et faites-la parvenir à Gospel for Asia. Vous pouvez tour à tour aller sur notre site Internet à www.gfa.ca/slumdog et, dans la prière, parcourir du regard les images. Dieu vous guidera alors vers un enfant.

Lorsque vous parrainez un enfant, vous avez alors le privilège incroyable de prier pour lui ainsi que de lui écrire. En contrepartie, vous recevez des lettres que l'enfant vous écrira. Celui-ci priera

Au lieu d'avoir un avenir où elle se verrait forcée de pourvoir aux besoins de sa famille en accomplissant un labeur pénible et éreintant, cette enfant continuera ses études pour recevoir une éducation supérieure afin de devenir ingénieure ou peut-être enseignante.

pour vous et il ne vous oubliera jamais ni ce que vous aurez fait.

Vous vous souviendrez aussi que l'enfant que vous avez choisi ne sera pas le seul à bénéficier d'une vie transformée. Je suis constamment ébahi de ce que l'œuvre du Seigneur se manifeste non seulement dans le cœur d'individus, mais aussi dans les communautés par la transformation de nombreuses vies au moyen d'un seul centre du Bridge of Hope de GFA. Et comme si cela ne suffisait pas, les familles de ceux qui parrainent ces enfants sont aussi radicalement changées. Les récits nous parviennent un à un et dévoilent la providence divine toute spéciale dans chacune des situations.

Par exemple, deux frères âgés de sept et cinq ans se renseignaient sur l'Asie. Ils furent particulièrement touchés lorsqu'ils prirent connaissance des besoins d'un grand nombre d'enfants là-bas. Leurs parents commencèrent avec eux la lecture de mon premier livre, *Révolution dans les missions mondiales*, et les garçons désirèrent vivement faire tout ce qu'ils pouvaient pour aider. Leurs parents leur montrèrent notre site Internet pour qu'ils puissent s'engager de façon concrète.

Les garçons prièrent pendant plusieurs jours en demandant à Dieu de les aider à faire le choix d'un enfant à parrainer. Puis ils passèrent environ une heure sur Internet à chercher parmi les enfants jusqu'à ce qu'ils annoncent qu'ils en avaient trouvé un. C'était un garçon à peu près de leur âge.

Dans le but de payer pour les dépenses de l'enfant, ils démarrèrent leur propre « entreprise de biscuits ». Dès lors, ils les cuisinent chaque semaine. On me dit que leur maison sent aussi les biscuits! Ces deux garçons espèrent faire assez d'argent pour parrainer un autre enfant.

Leurs parents dirent : « Quelle bénédiction de voir l'œuvre de Dieu s'accomplir dans le cœur de nos propres enfants alors qu'ils se mettent au service des autres! »

LE BOUCHE-À-OREILLE

Nous sommes tous en mesure d'apprendre de l'exemple de ces deux jeunes garçons. Pour vendre leurs biscuits, j'imagine qu'ils eurent des occasions de parler à leur famille élargie et aux voisins de leur enfant du Bridge of Hope.

De même, il vous est possible de faire partie de l'équipe de secours en faisant connaître ce programme autour de vous. Ce livre-ci est une excellente ressource pour ouvrir les yeux des gens à cette réalité et vous pouvez en commander davantage pour les donner à votre famille et à vos amis.

Nous avons aussi d'autres livres. Si vous ne l'avez pas déjà fait, je vous encourage à lire mon premier livre intitulé *Révolution dans les missions mondiales*. Il relate l'origine de Gospel for Asia et de l'œuvre de nos missionnaires nationaux. Vous pouvez demander à recevoir ce livre gratuitement en allant à www.gfa.ca/store/francais.

Cependant, ne vous limitez pas à votre famille immédiate. Racontez ce que vous faites à vos amis, aux membres de votre parenté, à vos collègues de travail et à l'Église. Expliquez la raison pour laquelle vous le faites et la façon dont ils peuvent eux aussi participer à cette œuvre.

UN MODE DE VIE SIMPLE

De nombreuses personnes trouvent que l'idée de parrainer un enfant est une vraie révélation. Ils en arrivent à apprécier les bénédictions qu'ils ont et commencent à reconnaître qu'ils possèdent beaucoup plus de biens que le nécessaire. Le simple coût d'un café, d'une sortie au restaurant, d'articles à la dernière mode, des t-shirts, des CDs et des DVDs, ou même de cette friandise que vous aimez tant peuvent littéralement sauver un enfant en Asie.

En ce qui me concerne, je fouille souvent dans ma penderie pour enlever tous les vêtements que je ne porte pas. Je n'en ai donc pas besoin. Également, je me promène dans une Coccinelle jaune 1962 de Volkswagen... elle fonctionne toujours! Je me souviens aussi, au début du ministère, lorsque Dieu me convainquit de la somme d'argent que je dépensais à mâcher de la gomme.

Oui! Je désire venir en aide à un enfant de l'Asie

Cher K.P., Après la lecture de « Plus jamais un *chien de bidonville* », j'ai pris la décision de transmettre l'amour de Jésus à un enfant du Bridge of Hope aujourd'hui pour la somme de 35 $ par mois. Je comprends que mon engagement à donner cette somme servira à vêtir et nourrir mon enfant parrainé, et à lui offrir des soins médicaux, une éducation et l'occasion de connaître Jésus.

☐ **Dans la prière, je parrainerai** _____ enfant(s) à **35 $ par mois** selon un total de _____ $ par mois.

☐ **Voici mon don de** _____ $ pour les enfants non parrainés du Bridge of Hope (3499)

En lettres majuscules
Veuillez encercler : M. Mme Mlle R.

Nom : _____

Adresse : _____

Ville _____ Province _____ Code Postal _____

Tél : ☐ cellulaire ☐ maison ( ) _____

Courriel : _____

GOSPEL FOR ASIA'S
BRIDGE OF HOPE
Ministère auprès des enfants

LA GARANTIE 100% · 100% DE VOTRE SOUTIEN VA DIRECTEMENT · AU CHAMP MISSIONNAIRE · DE GOSPEL FOR ASIA ·

HB29-RB9F

Je désire améliorer leur sort!

Je désire que plus d'enfants nourrissent l'espoir d'un avenir meilleur, maintenant et pour l'éternité.

> Vous recevrez une photo et la biographie de chaque enfant du Bridge of Hope que vous parrainez.

> Gospel for Asia envoie 100 % de votre soutien financier pour le Bridge of Hope au champ missionnaire. Nous n'en prélevons rien pour payer les frais administratifs. Tous les dons sont déductibles d'impôt tel que autorisé par la loi.

Nous vous remercions d'apposer votre timbre sur cette carte.
Vous nous permettez ainsi d'envoyer plus de ressources au champ
missionnaire.

1000004007-L8G1L9-BR01

GOSPEL FOR ASIA
245 KING ST E
STONEY CREEK ON   L8G 9Z9

CANADA POSTES
POST   CANADA

Postage paid   Port payé si posté
if mailed in Canada   au Canada
Business Reply Mail   Correspondance-
                      réponse d'affaires

2720647   01

Parrainez un enfant, recevez des
nouvelles du champ missionnaire
et commandez en ligne d'autres
publications de GFA à

www.gfa.ca/francais

Je vous en prie, comprenez-moi bien. Je ne dis pas qu'il est mauvais de posséder une belle voiture ou de nouveaux vêtements ou toutes autres choses de ce genre. Si la pauvreté nous rendait plus spirituels, alors il y aurait une multitude de gens vraiment spirituels partout en Asie du Sud. Mais non. Il s'agit plutôt d'envisager les petites choses du quotidien où le Seigneur nous appelle à vivre simplement afin que d'autres puissent simplement vivre.

Dieu révèle aux gens du monde entier les légers sacrifices qu'ils sont capables de faire en son nom. Dans un cas, une mère avait l'habitude de dépenser 30 $ CA par mois à l'achat de produits spéciaux pour le maquillage. Elle savait, dans son cœur, que c'était une chose bien éphémère et elle voulut investir dans ce qui a une valeur éternelle. Le Seigneur rappelait à sa famille de mourir aux soucis de ce monde, de prendre sa croix et de le suivre. Alors c'est ce que les membres de cette famille firent et il les dirigea à soutenir un enfant du Bridge of Hope de GFA. Cette mère sélectionna, de concert avec ses deux fils âgés de sept et neuf ans, un enfant à parrainer et pour qui prier. Ses fils donnèrent même deux dollars, le seul montant d'argent qu'ils possédaient. Le fait de prier ensemble pour leur enfant et de lui écrire fut un excellent moyen de renforcer les liens familiaux.

Je me souviens aussi d'une autre famille qui diminua leur frais d'abonnement au réseau de câblodistribution afin d'avoir les moyens de parrainer deux enfants. Les parents espéraient ainsi enseigner à leurs enfants à aimer donner plus que recevoir. Ils purent dire honnêtement : « Quelle différence [Gospel for Asia] fait dans la vie de ces enfants... y compris les nôtres. »

De plus, une petite fille donna « beaucoup d'argent » pour

parrainer une autre jeune fille d'Asie. Voici ses propres mots :
« J'ai presque cinq ans et j'ai vu les petits enfants qui n'ont pas de
vêtements, pas de nourriture, pas de poupées ou qui n'ont rien,
et qui devaient fouiller dans les ordures. C'est pour cela que j'ai
sorti beaucoup d'argent pour eux. Je veux qu'ils aient une poupée
à eux. J'aime beaucoup la petite fille que j'ai vue. »

C'est peut-être en raison de leur si jeune âge que ces enfants
sont enclins à éprouver de l'empathie pour quelqu'un qui perdit
sa mère ou à se demander ce que serait la vie sans nourriture ou
sans jouets. De plus, ils n'apprirent pas à ignorer ce qu'ils voient.

Les paroles d'une fillette de seulement trois ans changèrent
également le cours de la vie de quelqu'un qui habite de l'autre
côté du globe. Ses parents entendirent parler du catalogue de
Noël de GFA en écoutant la radio. Puis ils visitèrent notre site
Internet, www.gfa.ca/cadeau, pour donner une chèvre. Ensuite,
ils reçurent mon premier livre et ils prirent connaissance de notre
programme missionnaire national, c'est pourquoi ils parrainèrent
trois missionnaires. Par la suite, ils trouvèrent de l'information
concernant le Bridge of Hope de GFA.

Sans tarder, ils s'assirent donc avec leur petite fille devant
l'ordinateur et parcoururent les photos d'enfants. Ensuite, les
parents choisirent de parrainer un petit garçon, puis continuèrent
de parcourir les profils. C'est alors que leur fillette se mit à parler
et montra du doigt une jeune fille. Ses parents cliquèrent sur elle
et leur fille sourit et rit en ajoutant : « Maintenant, nous avons
choisi un garçon et une fille! »

Ce soir-là, ses parents n'avaient pas l'intention de parrainer
deux enfants. Par conséquent, ils demandèrent à leur petite fille :
« Lequel devrions-nous parrainer, le garçon ou la fille? » Elle

répondit : « Les deux! », et ils étaient incapables de trouver une raison de refuser de le faire.

Notre privilège

Vous êtes informé du besoin, de l'occasion et de l'urgence. Que faire maintenant? Je prie pour que vous ne répondiez pas : « Il faut que j'y pense », ou « Je suis trop occupé actuellement. Je m'en occuperai plus tard » ou encore que vous ne trouviez pas une dizaine d'autres excuses.

La procrastination est un ennemi mortel. Nos intentions sont louables. Nous savons parfois que Dieu nous incite à agir d'une façon, mais il semble que nous finissions par tout oublier.

Un « pont de l'Espoir » est constitué, un enfant à la fois, en s'échelonnant sur des généra-tions afin de joindre des millions et des millions d'habitants nés dans le désespoir. Elles sont des personnes que Christ aime et pour qui il est mort dans le but de les sauver.

Nos vies deviennent occupées et, sans trop savoir comment, nos « bonnes intentions » tombent au bas de nos listes des choses à faire.

Par contre, vous avez l'occasion de faire quelque chose immédiatement pour faire naître l'espoir chez les plus petits : priez, parrainez un enfant et parlez-en. Faites le choix de les aimer comme Christ les aime.

Veuillez nous aider à prendre contact avec ces enfants et à les secourir.

C'est le cri de mon cœur : *Seigneur, aide-nous à sortir au moins 500 000 enfants du désespoir et de l'impuissance.* Ensemble, nous sommes en mesure de leur donner de l'espoir.

Parrainer un enfant est l'une des joies les plus satisfaisantes. Je connais un homme qui fut particulièrement béni lorsqu'il fut capable d'en rencontrer un parmi les douzaines d'enfants parrainés par sa famille et lui-même. Voici son histoire qu'il raconte les larmes aux yeux.

Je m'appelle Jim. Ma charmante épouse et moi parrainons des enfants depuis le moment où nous avons été informés de l'existence du programme du Bridge of Hope de Gospel for Asia. Nous avions toujours voulu avoir une grande famille, peut-être une douzaine d'enfants, mais nous nous sommes ravisés à la vue du besoin incroyable des enfants pauvres de l'Asie.

Au lieu d'une douzaine, nous avons eu deux enfants. Puis nous en avons eu quatre de plus par le Bridge of Hope de GFA. Ces enfants dont nous lisons

*les lettres à maintes reprises sont nos petits cœurs.
Nous avons placé leurs photos sur notre mur et, tous
les quatre, nous prions pour eux quotidiennement.
Je les considère comme mes propres enfants même si
j'étais certain de ne jamais les rencontrer de ce côté-ci
de l'éternité.*

*Dieu a dépassé toutes mes attentes lorsqu'il m'a
envoyé en Inde pour un projet d'entreprise il y a
environ un an. Ma femme m'a alors rappelé Gospel
for Asia et a ajouté que je devrais leur donner un
coup de fil pour voir s'il me serait possible de visiter
un centre du Bridge of Hope de GFA pendant mon
séjour là-bas. Étonnamment, je le pouvais!*

*Émotivement, je n'étais pas préparé à voir l'Inde.
Les images des habitants dont je ne puis toujours que
présumer qu'ils étaient des Dalits, assis sur le bord de
la route et les yeux sans flamme... tout avait l'air si
désespérant! J'ai senti un fardeau incroyable pour ce
peuple. Les larmes me sont presque montées aux yeux
de les voir ainsi et cela m'arrive encore à ce jour.*

*Mais quand je suis allé au centre, j'ai été tout
simplement ébahi! La joie! Les rires! La vue de ces
enfants, des centaines d'enfants, charmants, qui
riaient et chantaient! C'était si différent de tout ce
que je voyais dans les environs. Ils étaient tellement
dynamiques et pleins de vie!*

*Ce groupe de plus de 100 enfants riait, étudiait
et apprenait à connaître le Seigneur tout à la fois!
C'était extraordinaire. Mais toute cette activité ne
m'avait pas préparé pour ce qui allait se produire.*

*Il y avait un petit visage que j'ai reconnu parmi
la foule. Quand je l'ai vu, mon petit Manu, je suis
resté figé. L'enseignant lui a dit qui j'étais et il a fixé*

son regard sur moi puis il m'a souri du plus large sourire jamais vu! Il a couru vers moi et s'est accroché à moi comme si j'étais un canot de sauvetage au milieu de l'océan.

Puis, ce petit garçon de huit ans s'est reculé et m'a regardé droit dans les yeux. Il a dit : « Papa, merci de m'aimer. »

J'ai éclaté en sanglots.

Depuis ce jour, je ne suis plus le même. J'ai quitté l'Inde avec une perspective nouvelle de la vie. Tout ce que nous sommes en mesure de faire pour aider ces enfants, nous sommes tenus de le faire.

Maintenant, ma femme et moi parrainons deux douzaines d'enfants, soit deux fois plus que ce que nous avions pensé avoir nous-mêmes! Ils sont dispersés partout en Inde et au Népal. Je suis incapable d'imaginer faire de ma vie quelque chose de plus valable! Ma famille et moi nous consacrons à secourir autant de personnes que possible, et Gospel for Asia nous rend capables de le faire.

Alors que nous prenons soin de nos propres enfants, souvenons-nous qu'il en existe des millions qui marchent dans les rues, sans abri et sans aide. Il y en a aussi des centaines de millions de plus qui souffrent dans les villages isolés. Ils vivent dans des conditions que nous ne sommes pas en état de nous expliquer. Leur petit cœur endure plus de douleur que qui que ce soit devrait en supporter. Un grand nombre d'enfants croient vraiment qu'un chien vaut mieux qu'eux.

Cependant, il vous est possible d'aider à changer cette situation. Vous êtes en mesure de donner de l'espoir à un petit enfant.

Tout comme dans le film *Le pouilleux millionnaire*, ces enfants flânent dans les rues. Voilà la réalité.

Toutefois maintenant, vous *pouvez* faire quelque chose.

Je vous en prie, allez devant le Seigneur. Il vous dira quoi faire.

« Si nous nous trouvions dans une position où nous serions incapables de fournir ces choses à nos enfants, je sais que j'espérerais que d'autres chrétiens contribuent à nous aider s'ils en étaient capables... c'est donc ce que nous faisons. »

Mme K. M.,
Parraineuse du Bridge of Hope de GFA,
Gilbert, Arizona

« *Personne ne commet une plus grande faute que celui qui ne fait rien sous prétexte qu'il ne pourrait que faire peu.* »

Edmund Burke[1]

CHAPITRE 7

Donnez un sens à votre vie

Des regrets. J'en eus quelques-uns au cours de ma vie. En effet, il y eut des moments où je me dis : « Si seulement... » ou encore : « Je souhaiterais... » Tout comme vous, je me sens triste à cause des échecs, des fautes et des péchés passés.

Un de mes souvenirs les plus douloureux concerne une petite fille nommée Meena. Elle était une charmante fillette de cinq ans qui vivait à Bombay. Elle avait de grands yeux bruns. La première fois que les travailleurs sociaux l'aperçurent, elle se tenait debout dans quinze centimètres d'eau d'égout.

Meena était une enfant parmi les milliers qui survivent en mendiant dans les rues. Personne ne sait si ses parents l'abandonnèrent ou s'ils moururent tout simplement. Sa survie dépendait donc des faibles sommes d'argent qu'elle réussissait à obtenir en persuadant des passants, et des restes qu'elle mangeait souvent à partir des tas d'ordures.

Je vis une photo de Meena que je n'oublierai jamais. Plus tard, j'appris qu'elle avait commencé à manger la saleté infestée des égouts des rues. Peu après, elle tomba dans un coma et mourut.

Ce qui est triste c'est qu'il y a encore des enfants qui mangent de la saleté pour remplir leur estomac vide. Victimes silencieuses de la pauvreté, leur vie s'écoule discrètement dans les endroits les plus sombres de la terre sans y être remarquée. Il est trop tard pour

Meena. Mon profond regret est que nous n'avions pas de centre du Bridge of Hope de GFA pour la secourir dans le bidonville où elle habitait.

C'est pourquoi, par considération pour les enfants comme Meena, il est important pour nous, d'une importance cruciale, de passer des *bonnes intentions* aux *actions*.

C. S. Lewis l'exprima très bien en ces mots : « Plus nos sentiments l'emportent sur l'action, moins nous serons capables d'agir et, à la longue, moins nous serons capables d'éprouver des sentiments[2]. »

Nous avons maintenant parcouru ensemble presque toutes les pages de ce livre. Vous avez commencé à éprouver la douleur et l'angoisse de ceux qu'on oublie. Je présume que votre cœur a été touché lors de la lecture des récits de la vie courante des Dalits, des habitants des autres castes arriérées et particulièrement de ces chers enfants.

Je vous en prie, ne fermez pas votre cœur maintenant. Ne commencez pas à engourdir la douleur que vous ressentez pour ces enfants impuissants qui souffrent. Veuillez les aimer, et aimez-les au nom de Jésus.

Vous et moi n'avions pas demandé de naître et d'être élevés dans les circonstances et le confort que nous connaissons. Vous auriez pu, vous aussi, naître indigent dans l'un de ces bidonvilles de Calcutta ou dans une famille dalite au Bihar. Vous auriez pu être ce petit enfant de bidonville, rendu aveugle et mendiant de rue. C'est bien vrai, vous auriez même pu être vendu dans l'industrie du sexe et mourir bien avant votre vingtième anniversaire de naissance.

Dieu, dans sa miséricorde, nous donna le privilège de

jouir d'une liberté et de bénédictions que les mots même ne peuvent décrire. Rappelez-vous seulement les paroles de Jésus : « Si quelqu'un a beaucoup reçu, on exigera beaucoup de lui » (Luc 12.48, Sem).

Il n'est pas nécessaire de se sentir coupable ou de se blâmer à cause des bénédictions que nous avons reçues. Faisons plutôt le choix de considérer ce défi comme une occasion de ressembler à Jésus dans notre génération.

Vous conviendrez que, de temps à autre, Dieu tente de s'introduire dans le quotidien de notre vie et de nous communiquer quelque chose d'important. Il attire notre attention sur un sujet qui nous déchire le cœur ou nous fait même parfois tomber à

Ces enfants ont maintenant de l'espoir.

genoux. Mais alors, tristement, il ne se passe si souvent rien de plus. Bien que cela nous bouleverse pendant un court moment et que nous sommes incapables d'arrêter d'y penser, en fin de compte, nous commençons à explorer autre chose et nous oublions.

Nous voyons et nous entendons tant de choses de nos jours que notre cœur cesse bien vite d'éprouver de la douleur. Nous nous habituons aux choses telles qu'elles se trouvent.

Mais ce n'est pas ainsi que Jésus agit. En effet, Christ était celui qui pleura en voyant les multitudes.

Tant de fois, alors que je suis informé de la réalité avec laquelle ces enfants sont aux prises, je prends de nouveau conscience que je manquai quelque chose d'important pendant beaucoup trop longtemps. Par conséquent, je crie : « Seigneur, mais qu'est-ce qui m'arrive ? Comment est-ce possible que j'oublie ? »

Je me laisse tellement absorber par mes activités quotidiennes que les semaines, les mois et même les années passent, et je ne me rends pas compte qu'ils s'écoulèrent si vite.

Ne vous investissez donc pas tant dans les futilités actuelles que vous oubliiez que l'éternité nous guette tous. Gardez à l'esprit ceux qui sont prisonniers des pires espèces de prisons, car « Vraiment, je vous l'assure : chaque fois que vous avez fait cela au moindre de mes frères que voici, c'est à moi-même que vous l'avez fait. » (Mt 25.40, Sem) Le contraire est aussi vrai : « chaque fois que vous n'avez pas fait cela au moindre de ceux que voici, c'est à moi que vous avez manqué de le faire. » (Mt 25.45, Sem)

Nous agissons par amour pour Jésus. C'est en son nom que nous nous sacrifions. Ensemble, vous et moi, nous avons le moyen de réaliser des rêves pour ces chers enfants. Nous en avons la possibilité et nous en avons l'obligation.

Un des premiers souvenirs du temps où j'étais au collège aux États-Unis concerne une émission télévisée mettant en vedette George Burns. Il avait l'air âgé, vraiment âgé. Il portait des lunettes rondes comme celles de Gandhi que je respecte d'ailleurs énormément. Il tirait toujours sur un cigare entre ses histoires et ses chansons.

Il y avait un petit quelque chose que j'aimais de lui, entre autres cette chanson qu'il chantait, et il la chantait souvent. Je n'ai jamais oublié quelques-unes des paroles : « Je souhaiterais avoir encore 18 ans. » (Vous pouvez l'écouter sur YouTube[3])

Quand le Seigneur m'appela à le servir, j'avais à peine 16 ans! Je vivais dans un tout petit village d'un petit État de la pointe de l'Asie du Sud. Aujourd'hui, à l'heure où j'écris ces lignes, j'en ai 60! Et je me fais la réflexion : « Comme le temps est passé vite! » Il me semble avoir quitté la maison hier pour faire un trajet de 4 000 kilomètres vers le nord de l'Inde pour servir le Seigneur.

Comment le temps fila-t-il si rapidement... je ne le sais pas!

Moi aussi, avec George Burns, j'ai envie de chanter : « Je souhaiterais avoir encore 18 ans. » Pourquoi? Parce qu'il y a tant à faire. Le monde a le cœur brisé. Il est rempli de tant de souffrance et de chers enfants perdus et impuissants. Mon désir c'est de les conduire à Jésus, à lui, leur espoir.

Mais je n'ai pas le pouvoir de remonter le temps. En effet, le temps fuit et tout est fini avant même de s'en rendre compte. Puis, c'est l'ultime adieu adressé de la terre à toutes les choses que l'on croyait si importantes et auxquelles l'on s'attacha si fermement.

Songez-y! Quelle importance auront ces choses dans cent ans? La maison, les voitures, les vêtements, les perles, les comptes bancaires, les vacances, les biens immobiliers, l'opinion des autres, les honneurs que nous recherchons et pour lesquels nous vivons. Oh, quelle stupidité de notre part de ne pas vivre à la lumière de l'éternité!

Voici maintenant notre occasion de voir ces chères personnes venir à la connaissance du Seigneur. Amy Carmichael a dit : « Nous aurons toute l'éternité pour célébrer les victoires, mais nous n'avons que les quelques heures avant le coucher du soleil pour les remporter[4]. »

Quel jour merveilleux ce sera lorsque nous nous tiendrons devant le trône et serons en présence des multitudes qu'aucun homme n'est à même de compter provenant de toutes nations, de toutes tribus et de toutes langues! Notre volonté d'être à l'œuvre pendant ces quelques heures enrichira d'autant plus l'éternité.

Je vous supplie de vous arrêter et de songer à ce que je dis. Sortez votre carte d'identité ou votre permis de conduire et regardez ce document. Consultez votre date de naissance qui y est inscrite. Quel âge avez-vous maintenant? 20, 40, 60 ans peut-être, c'est vous qui le savez. Ajoutez 100 ans à votre âge actuel. Où vous trouvez-vous maintenant? Où se trouve votre maison? Quelle est l'importance de l'opinion des autres pour vous?

Vous voyez ce que je veux dire!

Vivez à la lumière de l'éternité. Aimez Dieu en aimant les autres. Donnez un sens à votre vie.

Si vous avez reçu des bénédictions grâce à la lecture de ce livre, je serais vraiment heureux de lire vos commentaires. Veuillez m'envoyer un courriel à kp@gfa.org.

FOIRE AUX QUESTIONS

J'aimerais pouvoir m'asseoir avec vous et répondre aux questions qui ont pu surgir au cours de votre lecture de ce livre ou discuter de la détresse des enfants de notre génération. Qui sait si un jour nous aurons une telle occasion. D'ici là, voici quelques questions fréquemment posées par les gens ainsi que les réponses. Nous vous invitons à téléphoner ou envoyer un courriel à l'un de nos divers bureaux nationaux où des personnes pourront clarifier les questions que vous pourriez avoir.

QU'EST-CE QUE JE FAIS SI JE VEUX PARTICIPER AU PROGRAMME DE PARRAINAGE?

Merveilleux! Je me réjouis de ce que le Seigneur ait touché votre cœur par ses préoccupations.

Pour parrainer un enfant, visitez Gospel for Asia à l'adresse www.gfa.org/slumdog, ou téléphonez-nous à l'un de nos bureaux dont la liste apparaît à la page 186.

Il en coûte 35 $ CA par mois pour qu'un enfant fréquente un centre du Bridge of Hope de GFA. Il vous est possible de verser cette somme par chèque ou mandat-poste, ou encore en autorisant des prélèvements automatiques. Cette dernière méthode permet d'épargner sur le coût du papier et les besoins de personnel.

Après avoir parrainé un élève du Bridge of Hope de GFA, vous recevrez une photo de l'enfant, de l'information à son sujet et votre première trousse de rédaction de lettres. Dès que vous le faites, ou même avant ce moment, commencez à prier pour votre enfant et sa famille. À peu près tous les six mois, vous devriez aussi recevoir une lettre de l'enfant que vous parrainez.

COMMENT PUIS-JE PRIER POUR LES ENFANTS INDIGENTS DU MONDE ENTIER ET POUR LES DALITS?

Je crois que la prière est l'outil le plus efficace que Dieu nous a donné et qu'elle est réellement un moyen pour changer le monde. Lorsque le Seigneur dépose un fardeau sur votre cœur pour les enfants dalits indigents, rappelez-vous qu'une des principales raisons pour lesquelles ces habitants demeurent dans l'esclavage est la croyance qu'ils sont destinés à ce genre de vie. Priez pour eux afin qu'ils prennent conscience de leur grande valeur aux yeux de Dieu.

Priez pour leur santé et leur sécurité. Dieu connaît ceux qui sont dans le besoin et il est en mesure d'y pourvoir lorsque nous le lui demandons.

Priez pour que le Seigneur établisse plus d'écoles en faveur de ces enfants, de leur famille et de leur communauté. Priez aussi pour que le cœur de tous les gens s'ouvre à l'Évangile. Dans chaque centre du Bridge of Hope de GFA, chaque enfant a l'occasion d'entendre et de savoir quelle grande valeur il a aux yeux de Dieu.

Priez pour l'adaptation de votre enfant au centre Bridge of Hope de GFA, car, pour un grand nombre d'enfants, c'est la première fois qu'ils fréquentent l'école.

Priez afin que leur famille et leur communauté soutiennent l'enfant. La réaction initiale des parents pourrait être négative, mais au fil du temps, la plupart des pères et des mères expriment habituellement leur sincère reconnaissance.

Priez afin que la volonté du Seigneur s'accomplisse dans chacune de ces vies et que ces enfants deviennent un instrument de bénédictions pour une multitude.

Priez pour des percées spirituelles partout en Asie.

Ayez la conviction que Dieu aime ces enfants et les Dalits et qu'il est prêt à répondre à nos prières si nous lui faisons des demandes.

DE QUELLE FAÇON EFFECTUEZ-VOUS LE CHOIX DES ENFANTS À INSCRIRE DANS LE BRIDGE OF HOPE DE GFA?

Un des faits les plus difficiles à constater est le nombre élevé de garçonnets et de fillettes qui s'intéressent à nos centres du Bridge of Hope de GFA et désirent en faire partie, mais en sont incapables.

La sélection s'effectue essentiellement selon les besoins des enfants et selon les prières des membres de notre personnel. L'étape la plus difficile du processus est de refuser un enfant après l'autre et de les voir souffrir sans qu'ils aient eu un contact personnel avec l'amour du Seigneur. Honnêtement, il existe tellement d'enfants là-bas qui ont besoin de notre aide. Une des requêtes les plus importantes de la part de nos directeurs qui se trouvent sur le champ de mission est la suivante : « Est-il possible d'ouvrir plus de centres? Les enfants qui ont besoin d'aide ici sont si nombreux. »

À mesure que nous disposons des ressources, nous procédons à l'ouverture de centres supplémentaires. Mais tant de fois, je dois dire à nos directeurs : « pas encore ». La sélection est un processus douloureux, mais le personnel des centres, en collaboration avec les pasteurs des églises locales, tient compte des besoins des enfants et de la communauté dans la prière. Ils tentent de venir en aide au plus grand nombre possible.

À QUOI RESSEMBLE UNE JOURNÉE TYPIQUE POUR UN ENFANT QUI FRÉQUENTE UN BRIDGE OF HOPE DE GFA?

Du lundi au vendredi, on enseigne aux enfants toutes les matières appropriées à leur groupe d'âge. Nous utilisons une approche holistique, c'est-à-dire que plutôt que de se concentrer entièrement sur l'accroissement des connaissances des enfants ou simplement sur l'amélioration de leur santé physique, le Bridge of Hope de GFA contribue à leur développement global.

En après-midi, les enseignants et le personnel apportent à nos élèves une aide individuelle dans les matières enseignées le matin. Ceux-ci ont l'occasion d'apprendre les mathématiques, les sciences et les arts. Au centre du Bridge of Hope, chaque enfant apprend deux compétences principales, soit la lecture et l'écriture. Celles-ci sont indispensables pour que les enfants soient affranchis du cycle de pauvreté dans lequel ils sont pris au piège durant toute leur vie.

Grâce au soutien du personnel, ces enfants commencent à exceller dans leurs études. Chacun d'eux accroît sa performance en recevant de l'amour et de l'assistance de la part du personnel.

Les élèves développent aussi des compétences sociales dans cette atmosphère sécurisante tout en observant les dirigeants offrir un bon exemple. Ces derniers jouent à des jeux et pratiquent des sports dans le but de les aider à apprendre le travail d'équipe, le respect, les bonnes manières et la coopération. Ils découvrent qu'ils sont tous enfants du Seigneur, qu'il les aime et qu'il se préoccupe d'eux également.

Chaque jour, les enfants qui fréquentent un Bridge of Hope de GFA ont l'occasion d'entendre parler du Seigneur. Il y a un temps pour entonner des chants accompagnés de gestes, pour réciter des versets par cœur et pour apprendre des récits bibliques tels que David qui abattit Goliath, Moïse qui fit traverser la mer Rouge au peuple d'Israël, ou encore Dieu qui créa Adam et Ève.

Puis, chaque semaine, ils apprennent une règle qui concerne les soins de leur corps. Ces pratiques sont aussi simples que de se brosser les cheveux et se couper les ongles. On leur fournit aussi quotidiennement un repas nutritif, ce que de nombreux enfants n'auront pas à la maison. Au besoin, on leur distribue des vitamines afin de garder les enfants en santé et de prévenir les problèmes tels que la cécité causée par une déficience en vitamine A. On donne à périodes fixes des fournitures scolaires neuves et des articles de soin personnel, de même que des uniformes et des livres.

Chaque journée est spéciale pour les enfants inscrits dans un Bridge of Hope de GFA. En effet, pour la plupart d'entre eux, cet endroit est le seul où ils ont l'occasion d'être tout simplement un enfant!

L'objectif du Bridge of Hope de GFA est d'aider les enfants à devenir des adultes pieux qui exerceront une influence positive sur leur société. Nous voulons leur donner l'occasion de devenir des médecins, des fonctionnaires gouvernementaux, des pompiers, des ingénieurs, des enseignants, des pasteurs, des chefs d'entreprise et des parents pieux. Nous espérons que chacun de ces enfants deviendra un citoyen responsable, rempli de la grâce et de l'amour du Seigneur, et d'enthousiasme pour répandre son nom dans leur communauté, à la fois en paroles et en actions.

COMMENT UN CENTRE DU BRIDGE OF HOPE DE GFA TRANSFORME-T-IL UNE COMMUNAUTÉ?

Les transformations opérées par un centre du Bridge of Hope de GFA *proviennent* de la communauté même. Les enfants tiennent lieu de messagers d'espoir pour leur famille, leurs amis et leur communauté. Leur comportement est changé grâce au Bridge of Hope de GFA lorsqu'ils se rendent compte qu'ils ont du prix aux yeux du Seigneur. En peu de temps, ils croissent en nouveauté de vie. Ils cessent de voler, de proférer des jurons et de se déchaîner. Ils commencent plutôt à se comporter de façon décente et respectueuse.

Nous les encourageons à dire aux autres ce qu'ils ont appris. Maintes et maintes fois, nous avons pu constater la manière dont les paroles de ces petits influencent le cœur de leurs parents et les tournent vers le Seigneur. La lumière jetée dans le cœur des enfants jaillit avec éclat!

Dans l'ensemble, chaque centre du Bridge of Hope de GFA sert de lieu de rassemblement pour l'activité communautaire. Par exemple, les enfants mettent en place un programme de Noël annuel. Ils invitent aussi les gens à venir célébrer la journée mondiale de l'enfance, la journée des parents et d'autres fêtes. Leur joie et leur enthousiasme apparents attirent au centre beaucoup de citadins qui examinent ce qui s'y passe. Il y a presque toujours des personnes dont la vie est changée pour l'éternité par ce qu'ils voient et ce qu'ils entendent.

Des séances spéciales de santé communautaire sont offertes durant lesquelles on enseigne des sujets comme le brossage des dents et la prévention du sida. Un service d'aide est fourni et le personnel se rend dans les foyers afin d'exercer un ministère auprès des parents et de prier pour eux.

De plus, il existe des cours d'alphabétisation et de formation professionnelle où les habitants sont en mesure d'apprendre des compétences comme la couture ou la pêche.

C'est pourquoi un centre du Bridge of Hope de GFA apporte de l'espoir à la communauté entière. Effectivement, quand les citadins voient l'amour inconditionnel exprimé par le personnel envers les enfants, ils désirent en savoir davantage. C'est alors qu'ils expérimentent les soins extraordinaires prodigués par Jésus aussi bien aux générations des personnes âgées. Il en résulte qu'ils désirent tout bonnement connaître ce Dieu qui fait progresser les gens et leur accorde une telle valeur.

QU'EST-CE QUI REND LE BRIDGE OF HOPE DE GFA UNIQUE?

Les enfants inscrits dans les centres du Bridge of Hope de GFA ont l'occasion d'être transformés non seulement par des moyens physiques comme la nourriture, les vêtements et une éducation pratique dans laquelle se trouve la bénédiction extraordinaire d'être capable de lire les écrits, mais aussi par la puissance de Jésus Christ. Bien que nous nous consacrions à soulager les douleurs des habitants du monde actuel au moyen d'une aide physique et de l'éducation, nous nous préoccupons encore davantage du sort éternel de ces chers enfants.

Le Bridge of Hope de GFA est une extension naturelle de notre mission qui a pour but d'aller vers ceux qui n'ont pas entendu parler de l'amour de Christ. Il y a réellement des dizaines de milliers de personnes qui expérimentent l'amour de Dieu seulement par notre ministère du Bridge of Hope de GFA, mais ce ne sont que les premiers fruits d'une moisson bien plus abondante. Nous espérons que chaque enfant répandra cet amour divin qu'ils reçurent à tout leur entourage et qu'ainsi un enfant en parle à cinq, qui en parlent à vingt, puis cent et même un millier. Ces nombres seront même plus élevés lorsque nous ajouterons des centres.

Des millions d'enfants attendent toujours impatiemment. C'est le désir de notre cœur d'aller vers eux, non seulement avec la promesse que concrétise l'éducation, mais aussi avec la puissance transformatrice de l'amour de Christ.

DE QUELLE FAÇON UN DON DE 35 $ CA PAR MOIS PERMET-IL DE POURVOIR AUX BESOINS D'UN ENFANT INSCRIT À UN BRIDGE OF HOPE DE GFA?

Le soutien financier accordé permet de donner à l'enfant une éducation et de l'aide personnelle dans ses études. Il permet aussi de lui fournir du matériel scolaire tel que des livres, des sacs à dos et un uniforme propre et résistant. De plus, les enfants reçoivent des articles utilitaires comme des serviettes et du dentifrice. Nous leur servons un repas nutritif chaque jour et un médecin qualifié effectue un examen médical chaque année. Par-dessus tout, cet enfant recevra les soins personnels du Dieu vivant manifestés par les prières et la présence du personnel du Bridge of Hope de GFA.

Éduquer des enfants, c'est bien plus que de leur remplir la tête de faits et de chiffres. Notre personnel sait combien il est important que les élèves comprennent qu'ils ne sont pas condamnés au même sort que celui de leurs parents et grands-parents, mais qu'ils ont les ressources pour changer littéralement le monde dans lequel ils vivent.

COMMENT L'ARGENT DU PARRAINAGE SE REND-IL AUX ENFANTS?

Gospel for Asia s'engage fermement à bien gérer les fonds qui lui sont confiés. GFA envoie 100 pour cent des dons de parrainage directement aux programmes scolaires du champ missionnaire du Bridge of Hope de GFA sans aucune déduction pour les coûts d'administration.

Lorsqu'un don est envoyé à GFA, nous faisons suivre les sommes au bureau local du pays où demeure l'enfant. Les fonds sont alors échangés contre la monnaie locale qui est ensuite envoyée aux directeurs qui supervisent le centre dans lequel cet enfant est inscrit.

EN TANT QUE PARRAINEUR D'UN ENFANT DU BRIDGE OF HOPE, À QUOI DOIS-JE M'ATTENDRE?

En tant que parraineur, vous obtiendrez l'extraordinaire bénédiction de pouvoir prier pour un enfant en particulier qui habite de l'autre côté de la Terre. Et même si vous n'aurez probablement jamais l'occasion de vous rencontrer, nous croyons que vos prières auront des répercussions sur cet enfant et sa famille, et changeront vraiment leur vie. Vous aurez aussi l'occasion d'écrire à votre enfant et de recevoir des lettres en retour. Un enfant écrira en moyenne deux lettres par année.

Votre rôle est vital. De fait, en tant que parraineur de votre enfant, vos dons permettent de donner une éducation de qualité et de poser les fondements d'un avenir prometteur. Vos prières constantes pour votre enfant sont un autre investissement ayant la capacité de générer des récompenses éternelles, non seulement dans le cœur d'un enfant, mais aussi dans leur famille et leur communauté. Il est tout à fait possible que des milliers d'habitants en soient touchés.

De même, votre enfant priera pour vous, car vous deviendrez quelqu'un d'unique pour lui et pour sa famille. De nombreux parents trouvent difficile de comprendre entièrement la raison pour laquelle un étranger qui habite de l'autre côté de la Terre aurait le désir d'envoyer leur enfant à l'école, de le nourrir et de lui acheter des vêtements. Leur cœur s'ouvrira plus facilement à la Parole de Dieu grâce à vos dons.

Vous ne connaîtrez probablement jamais toutes les retombées de votre soutien, car lorsque vous faites une différence dans la vie d'un enfant, votre influence n'a jamais vraiment de fin.

Il est aussi possible que votre propre famille soit transformée par le parrainage. Un grand nombre de parraineurs découvrent que c'est une excellente façon de renforcer les liens familiaux.

Vous recevrez par la poste une photo et une trousse contenant l'information qui vous aidera à savoir comment prier pour votre enfant. Rappelez-vous que vous serez l'unique soutien de votre enfant.

FAUT-IL S'ENGAGER À PARRAINER UN ENFANT PENDANT UNE CERTAINE PÉRIODE DE TEMPS?

Bien que nous offrions aux parraineurs l'occasion de soutenir des enfants au cours de leur éducation complète, nous n'exigeons aucune période de temps d'engagement.

Nous sommes convaincus que le Seigneur est souverain, qu'il aime profondément tous ces enfants et qu'il pourvoira abondamment pour eux. Selon les situations individuelles, certains donateurs désirent parfois prêter assistance à leur enfant tout le temps de son éducation, tandis que d'autres choisissent de le faire seulement pendant une année ou deux. De plus, nous comprenons que vos circonstances pourraient changer. Par conséquent, il vous est possible de cesser à tout moment le parrainage de votre enfant et nous trouverons un autre parraineur qui le soutiendra.

COMMENT PUIS-JE APPRENDRE À MIEUX CONNAÎTRE L'ENFANT QUE JE PARRAINE?

Il existe plusieurs façons d'avoir plus d'informations au sujet de votre enfant, du pays où il demeure et de l'œuvre du Bridge of Hope.

1. Lisez les articles qui apparaissent sur notre site Internet : www.gfa.org/slumdog, dans nos courriels et dans nos publications qui mettent en évidence les nouvelles concernant les programmes du Bridge of Hope de GFA offerts partout en Asie. Ces articles mettent en lumière les enfants dont la vie, la famille et la communauté furent changées par leur rencontre avec Dieu et par son amour.

2. Nous recommandons vivement la lecture du livre *Operation World* de Jason Mandryk. Cet ouvrage est une ressource utile pour connaître à la fois la culture et les besoins du pays dans lesquels votre enfant vit, et pour présenter ceux-ci dans la prière. Vous obtiendrez de plus amples informations à www.operationworld.org.

3. Vous recevrez périodiquement des lettres de votre enfant. Voici quelques exemples de lettres d'enfants :

Chère Rachael Smith,

Allô.

Allô, Rachael, comment allez-vous? Je vais bien. Je suis très heureux de recevoir votre lettre. Merci beaucoup beaucoup pour tout ce que vous m'avez envoyé. Merci pour les belles photos que vous m'envoyez. Comme elles sont jolies. Dieu bénira. Je suis d'accord avec vous que vous et moi sommes amis. Maintenant vous êtes ma meilleure amie. Je suis très reconnaissant à Dieu qu'il m'a fera vous rencontré. Je suis très chanceux que vous soyez mon amie. Merci pour votre souhait de bonne fête. J'ai aimé ma fête. Je veux encore vous remercier pour ce que vous m'a envoyé. Dieu vous aidera. Dieu est grand.

Merci à vous, avec prières, Bien à vous,

Danvir (12 ans)

Chers Nathan et Olivia White,

Allô.

Louez le Seigneur. Comment allez-vous? J'espère que vous serez bien. Je vais bien et ma famille aussi. Je vais l'école pour avoir bonne éducation. Mes enseignants sont très gentils et nous aident toujours. J'ai appris beaucoup de bonnes choses à l'école. Merci de m'écrire lettre. J'attends toujours votre lettre. Toujours vous m'inspirez dans la grandeur de Dieu. Je vous aime vous parce que vous croyez en Dieu. Je crois en Dieu beaucoup moi aussi. Dieu sera aide pour vous. Merci continuez prier pour moi s'il vous plaît.

Merci avec prières,

Bien à vous,

Lomash (11 ans)

Chère Mademoiselle Kiersten Oliver,

Comment allez-vous? Mes chaleureuses salutations au nom de Jésus. Par la grâce de Dieu, je suis sauf. J'espère de même aussi pour vous.

Par l'amour que vous démontrez, je suis capable d'aller à l'école régulièrement et de bien étudier. Nous sommes bénéficié du Bridge of Hope de nombreuses façons, comme de recevoir l'Éducation, apprendre, des récits et des versets de la Bible, participer chaque semaine dans des concours de jeux-questionnaire, etc. Je vais aussi à l'école du dimanche.

Les deux mois passés nous avons eu des pluies, toutes les rivières débordant. Les endroits les plus bas sont inondés. Beaucoup de gens ont perdu la vie. Quelques-uns ont perdu leur demeure. Beaucoup souffrent de différents problèmes. Priez pour notre État s'il vous plaît.

Dans le projet, au centre, on nous enseigne à prier le matin, le soir et à l'heure de l'étude, des repas, etc. Nous recevons de la nourriture saine dans le projet. Je remercie beaucoup Dieu. Priez pour moi s'il vous plaît. Je prie pour vous.

Bien à vous,

Rahdak (11 ans)

La correspondance entretenue avec l'enfant que vous parrainez renforce non seulement votre relation, mais aussi encouragera grandement chacun de ceux qui y prennent part. Vous pouvez écrire vous-même à votre enfant deux fois par année en utilisant les enveloppes et le papier à lettres spéciaux fournis par GFA. Votre trousse de parrainage comprendra votre matériel initial servant à la rédaction des lettres.

Quel est le ministère de Gospel for Asia?

Gospel for Asia est un organisme à but non lucratif ayant vu le jour grâce à un désir intense d'aller vers les gens qui n'ont jamais entendu parler de Jésus auparavant. Il y a plus de 30 ans, Dieu nous appela spécifiquement à consacrer nos vies afin de répandre l'Évangile parmi ceux qui en ont le moins entendu parler en Asie du Sud.

Aujourd'hui, nous avons plusieurs milliers de missionnaires nationaux qui exercent un ministère dans quelques-uns des endroits les plus éloignés sur la face de la Terre. Vous trouverez des ouvriers soutenus par GFA dans les bidonvilles des villes principales et parmi les colonies de lépreux. Notre personnel voyage aussi dans les endroits déserts les plus éloignés comme au Rajasthan et dans le froid des villages isolés dans les hauteurs de l'Himalaya. Notre mission est d'apporter à ces habitants l'espoir qui se trouve en Christ, et nous le faisons par l'assistance physique, par un engagement à la prière et par la prédication de l'Évangile.

Nous faisons fonction de témoins de Christ et nous ciblons particulièrement les endroits les plus reculés en Asie. Nous travaillons coûte que coûte à s'assurer que non seulement la vie des gens est transformée, mais aussi qu'ils deviennent disciples du Seigneur.

Le Bridge of Hope de GFA est le développement naturel de ce désir d'aller vers ceux qui n'ont pas entendu l'Évangile. Les habitants sont généralement plus réceptifs à l'Évangile après avoir vu nos efforts déployés à aider leurs enfants et avoir observé l'amour et la joie immenses avec lesquels œuvre notre personnel. Lorsqu'ils voient leurs enfants s'épanouir, les parents désirent en apprendre davantage à notre sujet et connaître la raison pour laquelle nous les aidons, ce qui sert de porte ouverte pour parler du message de l'amour de Christ.

Quel pourcentage des dons gardez-vous pour payer vos coûts administratifs?

Aucun. Depuis l'origine de Gospel for Asia il y a plus de 30 ans, nous nous sommes appliqués à donner 100 pour cent des dons versés pour le champ missionnaire au champ missionnaire en question. Nous n'en prenons rien pour payer les frais généraux. Nos bâtiments, les coûts administratifs, le budget de publicité et toutes les autres dépenses qui surgissent sont couverts par un fonds distinct.

GFA est un membre fondateur de l'Evangelical Council for Financial Accountability (ECFA). Nous poursuivons totalement les buts et les objectifs de l'ECFA et nous en apposons le sceau afin d'attester notre conformité aux normes de ses membres.

ANNEXE 2

CROYEZ-LE OU NON

LA FENÊTRE 4-14 représente les enfants âgés de quatre à quatorze ans. Ce sont les années critiques pendant lesquelles le caractère d'un enfant et sa vision du monde se forment[1].

→ 1,2 milliard d'enfants dans le monde se trouvent dans la fenêtre 414[2].

> → Plus de 300 millions d'enfants, soit le quart de la fenêtre 4-14 totale, demeurent dans les pays de l'Asie du Sud c'est-à-dire l'Inde, le Bangladesh, le Myanmar, le Népal et le Sri Lanka[3].

>> → Si ces enfants de l'Asie du Sud formaient leur propre nation, sa population serait aussi élevée que celle des États-Unis.

LES NORMES DU TRAVAIL DES ENFANTS furent établies par les Nations Unies dans le but de protéger ceux-ci de l'exploitation dans le milieu de travail.

➤ 150 millions d'enfants faisant partie de la fenêtre 4-14 sont des enfants travailleurs employés en violation de ces normes[4].

  ➤ 60 pour cent de ces enfants travailleurs ont onze ans et moins[5].

    ➤ Plus de 50 millions d'enfants ont un « travail dangereux » qui implique de longues heures; des sévices physiques, psychologiques ou sexuels; ou de l'équipement dangereux, des espaces exigus, ou encore la présence d'éléments toxiques dans l'environnement[6].

      ➤ UNICEF estime à 30 millions la population des enfants travailleurs[7]. D'autres sources fiables croient que le nombre se rapproche des 50 millions[8].

LA TRAITE D'ÊTRES HUMAINS est l'une des entreprises criminelles ayant la croissance la plus rapide au monde aujourd'hui et devancera bientôt le commerce de la drogue.

➤ 2,5 millions des habitants de la Terre font les travaux forcés à un moment donné de leur vie comme conséquence de la traite des êtres humains[9].

  ➤ Plus de la moitié des victimes de ce trafic proviennent de l'Asie et de la région du Pacifique[10].

    ➤ Chaque année, on estime à 1,2 million les enfants qui deviennent les victimes de la traite des personnes[11].

      - Des femmes et des jeunes filles népalaises, quelques-unes n'ayant que neuf ans, sont

vendues pour travailler dans la « zone rouge »
en Inde — 10 000 à 15 000 par année[12].

- Le Sri Lanka est reconnu comme étant un paradis
pour les pédophiles où 40 000 enfants prostitués,
la plupart étant des garçons, sont trafiqués dans
le but de servir les touristes[13].

- 300 000 enfants du monde entier sont
actuellement trafiqués en tant qu'enfants
soldats[14].

LA POPULATION DE L'INDE est de 1,2 milliard d'habitants
et est constituée de quelques nantis et d'un très grand nombre de
démunis.
→ Les « brahmanes », qui représentent environ cinq pour cent
de la population, dominent le pays dans les domaines politique,
social et économique[15].

→ À l'extrême opposé de la société indienne se trouvent
les Dalits, au nombre de 250 millions, qui sont traités
comme des esclaves et considérés de moindre valeur que les
animaux[16].

→ Un autre 500 millions des habitants de l'Inde sont
dans le besoin et souffrent de mauvais traitements en
tant que membres des « autres castes arriérées »[17].

→ Les Dalits et les habitants des autres castes
arriérées constituent plus de 60 pour cent de la
population de l'Inde, ce qui représente un nombre
d'habitants équivalant à celui de toute l'Europe.

LES INSTALLATIONS SANITAIRES AMÉLIORÉES
sont accessibles seulement pour une personne sur trois en Inde[18].
→ Ceci signifie que 800 millions d'habitants utilisent les
latrines publiques ou privées qui doivent être nettoyées par

ceux qui font « la vidange manuelle des latrines ».

➤ Ce travail est celui de plus d'un million de Dalits en Inde[19].

Notes

Page liminaire

1. Shane Claiborne, Jonathan Wilson-Hartgrove et Enuma Okoro, *Common Prayer: A Liturgy for Ordinary Radicals*, Grand Rapids (Mich.), Zondervan, 2010, p. 481.

Termes et concepts

1. "Brahmins in India," *Outlook India* (en ligne), (consulté le 22 mars 2011). Sur Internet : <URL:http://www.outlookindia.com/article.aspx?234783>.

Introduction

1. *Le pouilleux millionnaire* (film), réalisation de Danny Boyle, production de Christian Colson, 2009.

2. Jason Mandryk, *Operation World: 7th editio* Colorado Springs (Colo.), Biblica, 2010, p. 410.

3. Luis Bush, "The 4-14 Window – 'The Core of the core,'" *4-14 Window Global Initiative* (en ligne), (consulté le 21 mars 2011). Sur Internet : <URL:http://4to14window.com/4-14-window-core-core>.

4. Jason Mandryk, *Operation World,* p. 432.

CHAPITRE 1 : ENFANCE VOLÉE

1. Daniel Berrigan, "Communion," *inward/outward : A Project of the Church of the Saviour* (en ligne), (consulté le 21 mars 2011). Sur Internet : <URL:http://www.inwardoutward. org/author/daniel-berrigan>.

2. UNICEF, *La situation des enfants dans le monde 2005* (en ligne), (consulté le 28 octobre 2011). Sur Internet :<URL:http://www.unicef.org/french/sowc05/sowc05_fr.pdf>

3. Jason Mandryk, *Operation World,* p. 410.

4. *Ibid.*

5. *Ibid.,* p. 445.

6. Chris Morris, "Diet of Mud and Despair in Indian Village," *BBC News* (en ligne), (consulté le 21 mars 2011). Sur Internet : <URL:http://news.bbc.co.uk/2/hi/8682558.stm>.

7. Yacouba Diallo et al., Évolution du travail des enfants au niveau mondial: Évaluation des tendances entre 2004 et 2008, Genève, Bureau International du Travail, 2011, p. 10.

8. UNICEF, *La Situation des enfants dans le monde, numéro spécial*, New York (N. Y.), UNICEF, 2009, p. 25.

9. Megha Bahree, "Child Labour," *Forbes.com* (en ligne), (consulté le 21 mars 2011). Sur Internet : <URL:http://www.forbes.com/forbes/2008/0225/072.html>.

10. *Ibid.*

11. Joseph D'souza, *Dalit Freedom: Now and Forever*, Centennial (Colo.), Dalit Freedom Network, 2004, p. 42

12. Jason Mandryk, *Operation World*, p. 410.

13. Aide Internationale pour l'enfance, *Enfants au travail* (en ligne), (consulté le 29 octobre 2011). Sur Internet : <URL:http://www.aipe-cci.org/enfants-travail/enfants-travail.html>

CHAPITRE 2 : *CHIEN DE BIDONVILLE* UN JOUR, *CHIEN DE BIDONVILLE* TOUJOURS

1. Mère Teresa, *Where There Is Love, There Is God : A Path to Closer Union with God and Greater Love*, New York (N. Y.), Doubleday Religion, 2010, p. 82.

2. "Advocating the Rights of the Marginalised for Justice and Equality", *Dalit Solidarity* (en ligne), (consulté le 21 mars 2011). Sur Internet : <URL:http://www.dalitsolidarity.org/>.

3. "Dalits fined for daring to drink water from tap", *Dalit Freedom Network* (en ligne), (consulté le 21 mars 2011). Sur Internet : <URL:http://www.dalitnetwork.org/go?/dfn/news/2010/10/>.

4. K. P. Yohannan, « Je ne suis pas même une âme ».

5. K. P. Yohannan, « Vendeuse de branches ».

6. "Dalit beaten to death in Uttar Pradesh", *Thaindian News* (en ligne), (consulté le 21 mars 2011). Sur Internet : <URL:http://www.thaindian.com/newsportal/uncategorized/dalit-beaten-to-death-in-uttar-pradesh_100205461.html>.

7. Jason Mandryk, *Operation World*, p. 408.

8. Joseph D'souza, *Dalit Freedom*, p. 37.

9. *Ibid.*, p. 34.

10. Jason Mandryk, *Operation World,* p. 410.

Chapitre 3 : Ouvrez les yeux

1. John Cook, compilé par, *The Book of Positive Quotations,* 2ᵉ éd., éditeurs Steve Deger et Leslie Ann Gibson, Minneapolis (Minn.), Fairview Press, p. 112.

Chapitre 4 : Un vent de changement

1. Martin Luther King fils, "I've Been to the Mountain Top" (discours), Mason Temple, Memphis (Tenn.), 3 avril 1968.

2. K. P. Yohannan, *Révolution dans les missions mondiales,* Carrollton (Tex.), Livres GFA, 2004, p. 29-30.

3. "Discrimination: Briefing on Dalit and the Caste System," *Child Rights Information Network* (en ligne), (consulté le 21 mars 2011). Sur Internet : <URL:http://www.crin.org/resources/infoDetail. asp?ID=20802&flag=report>.

4. Alex Perry, "Bombay's Boom," *TIME* (26 juin 2006).

5. "Poor mothers set up 'kid bazaar,'" *The Telegraph* (en ligne), (consulté le 21 mars 2011). Sur Internet : <URL:http://www.telegraphindia.com/1110108/jsp/ siliguri/story_13407595.jsp>.

Chapitre 5 : C'est une réalité !

1. William Shakespeare, *The Merchant of Venice* (titre français : _Le marchand de Venise_), New York (N. Y.), Washington Square Press, 1992.

2. "2004: Thousands die in Asian tsunami," *BBC* (en ligne), (consulté le 21 mars 2011). Sur Internet : <URL:http://news.bbc.co.uk/onthisday/hi/dates/

stories/december/26/ newsid_4631000/4631713.stm>.

CHAPITRE 6 : QUE FAIRE MAINTENANT?

1. James R. Lowell, *The Writings of James Russell Lowell in Prose and Poetry*, James Russell Lowell, 1870, p. 243.

2. Jason Mandryk, *Operation World,* p. 410.

3. UNICEF, *La Situation des enfants dans le monde, numéro spécial,* p. 25.

4. Steven Curtis Chapman, "What Now", Droits d'auteur © 21 septembre 2004, Sparrow Records, adm. Worldwide by EMI CMG Publishing. Tous droits réservés.

5. E.M. Bounds, *Power Through Prayer,* Radford (Va.), Wilder Publications, 2008, p. 15.

CHAPITRE 7 : DONNEZ UN SENS À VOTRE VIE

1. Linda Picone, *The Daily Book of Positive Quotations*, Minneapolis (Minn.), Fairview Press, 2008, p. 163.

2. C.S. Lewis, *The Screwtape Letters* (titre français : _Tactique du diable_), New York (N. Y.), Macmillan, 1982, p. 61. (paraphrase)

3. 2007. *George Burns–I Wish I Was Eighteen Again* (vidéo) (en ligne), extrait le 3 févr. 2011, (consulté le 21 mars 2011). Sur Internet : <URL:http://www.youtube.com/watch?v=F3c-WBn5cCg>.

4. Amy Carmichael, *Things as They Are: Mission Work in Southern India,* Princeton (N. J.), Princeton University, 1906, p. 158.

ANNEXE II : CROYEZ-LE OU NON

1. Les statistiques des Nations Unies citées dans ce livre couvrent la période des dix années entre les âges de cinq et quatorze ans.

2. Yacouba Diallo et al., *ouvr. cité*, p. 10.

3. Estimation en combinant des statistiques sur la population des « moins de 15 ans » provenant de la *Fiche de données sur la population mondiale 2010*, Washington, D.C., Population Reference Bureau, 2010, p. 69 et des statistiques sur la population des « moins de 5 ans » provenant de *La Situation des enfants dans le monde, numéro spécial: Tableaux statistiques*, UNICEF, New York, 2009, p. 28-31.

4. Yacouba Diallo et al., *ouvr. cité*, p. 10.

5. *Ibid.*

6. *Ibid.*

7. UNICEF, *La Situation des enfants dans le monde, numéro spécial: Tableaux statistiques*, p. 41.

8. Jason Mandryk, *Operation World*, p. 410.

9. United Nations Global Initiative to Fight Human Trafficking, *Human Trafficking: The Facts* (en ligne), (consulté le 21 mars 2011). Sur Internet : <URL:http://www.unglobalcompact.org/docs/issues_doc/labour/Forced_labour/HUMAN_TRAFFICKING_-_THE_FACTS_-_final.pdf>.

10. *Ibid*.

11. UNICEF, *Child Protection Information Sheet: Trafficking* (en ligne), (consulté le 21 mars 2011). Sur Internet : <URL:http://www.unicef.org/protection/files/trafficking.pdf >.

12. US. Department of State, *Trafficking in Persons Report 2009*, p. 217 (en ligne), (consulté le 21 mars 2011). Sur Internet : <URL:http://www.state.gov/documents/organization/123357.pdf>.

13. International Labour Organization, *Anti-Child*

Trafficking Legislation in Asia: A Six-Country Review, 2006, p. 70 (en ligne), (consulté le 21 mars 2011). Sur Internet : <URL:http://www.ilo.org/wcmsp5/groups/public/---asia/---ro-bangkok/documents/publication/wcms_bk_pb_76_en.pdf>.

14. UNICEF, *Children in Conflict and Emergencies* (en ligne), (consulté le 21 mars 2011). Sur Internet : <URL:http://www.unicef.org/protection/armedconflict.html>.

15. Sudha Ramachandran, "Caste Politics Come Full Circle," *Asia Times Online,* (26 mars 2009) (en ligne), (consulté le 21 mars 2011). Sur Internet : <URL:http://www.atimes.com/atimes/South_Asia/KC26Df01.html>.

16. National Sample Survey Organization, Ministry of Statistics and Programme Implementation, Government of India, *Employment and Unemployment Situation Among Social Groups in India 2004–05: NSS 61st Round (July 2004-June 2005),* Rapport N° 516, octobre 2006, p. 21-22.

17. *Ibid.*

18. *Fiche de données sur la population mondiale 2010,* p. 16. Une installation d'assainissement améliorée en est une qui sépare de façon hygiénique les eaux usées de tout contact humain.

19. CHR&GJ and Human Rights Watch, *On the Margins of Profit: Rights at Risk in the Global Economy,* vol. 20, no. 3(G), fév. 2008, p. 31 (en ligne), (consulté le 21 mars 2011). Sur Internet : <URL:http://www.hrw.org/sites/default/files/reports/bhr0208_1.pdf>.

▶️ GOSPEL FOR ASIA

Après 2 000 ans de christianisme, comment se fait-il que près de 3 milliards d'habitants n'aient pas encore entendu l'Évangile ? Combien de temps devront-ils encore attendre ?

C'est la raison d'être de Gospel for Asia.

Il y a plus de 30 ans, Dieu nous a appelés dans le but spécifique de consacrer nos vies à répandre l'Évangile parmi ceux qui en ont le moins entendu parler en Asie du Sud en formant et en envoyant des missionnaires nationaux.

Gospel for Asia (GFA) est une organisation pour les missions consacrée à aller vers les personnes les moins évangélisées de la fenêtre 10-40. Des milliers de pasteurs et de missionnaires soutenus par GFA servent à temps plein pour parler de l'amour de Christ dans dix pays asiatiques.

Les missionnaires nationaux sont extrêmement efficaces, car ils œuvrent dans leur propre culture ou dans une culture similaire. Ils connaissent déjà la langue, les coutumes et la culture des personnes auprès de qui ils exercent leur ministère, ou encore ils sont capables de les apprendre aisément. Ils n'ont pas besoin de visa et ils vivent au même niveau économique que celui de leurs voisins. Ces avantages font d'eux l'un des moyens les plus rapides et les plus efficaces pour répandre l'Évangile aux millions de personnes qui attendent toujours pour l'entendre.

Toutefois, la jeune Église asiatique est économiquement faible et ses missionnaires sont incapables d'y arriver seuls. L'énorme tâche d'entrer en relation avec près de 3 milliards d'habitants requiert l'aide du corps de Christ du monde entier.

C'est pourquoi GFA offre à ceux pour qui il est impossible de s'y rendre l'occasion d'envoyer des missionnaires nationaux et de devenir des partenaires de prière. Ainsi, nous remplissons ensemble la grande mission d'évangélisation et participons à la récolte d'âmes éternelles.

Pour en savoir davantage au sujet de Gospel for Asia ou pour recevoir un exemplaire du livre à succès de K. P. Yohannan, *Révolution dans les missions mondiales*, visitez notre site Internet *www.gfa.org/francais* ou prenez contact avec l'un de nos bureaux situé près de chez vous.

AFRIQUE DU SUD P.O. Box 28880, Sunridge Park, Port Elizabeth 6008
Tél. : 041 3600198   Courriel : infoza@gfa.org

ALLEMAGNE Postfach 13 60, 79603 Rheinfelden (Baden)
Tél. : 07623 79 74 77 Courriel : infogermany@gfa.org

AUSTRALIE P.O. Box 3587, Village Fair, Toowoomba QLD 4350
Tél. sans frais : 1300 889 339   Courriel : infoaust@gfa.org

CANADA 245 King Street E, Stoney Creek, ON L8G 1L9
Tél. sans frais : 1-888-946-2742 Courriel : info@gfa.ca

CORÉE #30915 Chunho 2-dong, Gangdong-gu, Seoul 134867
Tél. sans frais : (080) 8010191   Courriel : infokorea@gfa.org.kr

ÉTATS-UNIS 1800 Golden Trail Court, Carrollton, TX 75010
Tél. sans frais : 1-800-946-2742 Courriel : info@gfa.org

NOUVELLE-ZÉLANDE PO Box 302580, North Harbour 0751
Tél. sans frais : 0508-918-918   Courriel : infonz@gfa.org

ROYAUME-UNI PO Box 166, YORK YO10 5WA
Tél. sans frais : 0800 083 9277   Courriel : infouk@gfa.org

Donnez de l'espoir
à un enfant indigent aujourd'hui!

Pour 35 $, vous pouvez offrir à un enfant de l'Asie du Sud une éducation, des repas nutritifs, des examens médicaux et surtout le message de l'amour de Jésus.

Pour commencer le parrainage aujourd'hui, allez au WWW.GFA.ORG/SLUMDOG

ou remplissez le formulaire ci-dessous, **ou** prenez contact avec le bureau de GFA le plus près de chez vous. (Les adresses des bureaux nationaux sont énumérées à la page 186.)

GOSPEL FOR ASIA'S
BRIDGE OF HOPE

❏ À partir de maintenant, je parrainerai et prierai pour _____ enfant(s) du Bridge of Hope à 35 $ chacun par mois pour un total de _____ $ par mois. **(Vous recevrez une photo et la biographie de chaque enfant que vous parrainez.)**

❏ Voici mon don unique de _____ $ pour des enfants du Bridge of Hope qui ne sont pas parrainés.

Veuillez encercler: M. Mme Mlle R.

Nom _____

Adresse _____

Ville _____ Province _____

Code Postal _____ Téléphone ❏ cellulaire ❏ maison (   )

Courriel _____

HB29-RB9F

Gospel for Asia envoie au champ missionnaire 100 pour cent des sommes promises pour le parrainage de votre enfant. Nous n'en prélevons rien pour payer les frais administratifs. Tous les dons sont déductibles d'impôt.

Mises à jour gratuites par courriel
inscrivez-vous aujourd'hui à **gfa.ca/email**

**Obtenez directement sur votre boîte de réception les récits
et les requêtes de prière des héros actuels qui œuvrent sur
le champ de mission.**

- **Remplissez votre vie de prière de nouvelles et de photos
  percutantes qui proviennent du champ missionnaire.**

- **Tenez-vous au courant grâce aux liens vers des clips vidéo
  et audio.**

- **Renseignez-vous sur les toutes récentes possibilités
  d'évangéliser ceux qui sont sans Christ.**

GFA envoie des mises à jour chaque semaine. Vous
pouvez annuler votre inscription gratuite à tout
moment. Nous ne vendrons ni ne divulguerons votre
adresse de courriel sous aucun prétexte.

Faites connaître leur espoir
dans votre localité

Voici comment :

1 Parlez du livre

Nous vous enverrons des exemplaires gratuits à donner à vos amis, votre famille, votre pasteur et aux membres de votre Église. Vous n'avez qu'à nous faire parvenir les coordonnées de ceux qui ont reçu les livres par votre intermédiaire.

2 Parlez de cette occasion de donner la vie

Nous vous enverrons tout le matériel nécessaire pour présenter le Bridge of Hope de GFA à votre église, à l'école ou à un petit groupe de personnes. Vous recevrez même le profil d'enfants qui ont besoin d'être parrainés.

Commencez dès aujourd'hui
www.gfa.ca/sharehope

Visitez le champ de mission
pendant quelques heures

Même si vous ne vivez pas parmi les millions de personnes d'Asie du Sud ou n'expérimentez pas leur culture et leurs combats particuliers, vous pouvez intercéder pour eux!

En prenant part à la **diffusion en continu des réunions de prière de Gospel for Asia**, vous avez la possibilité de plonger dans leur monde au moyen d'histoires, de photos et de vidéos. Vous pourriez même en être transformé, vous aussi. Voici ce que d'autres personnes ont dit de ces réunions de prière :

« Je ne pense pas être repartie de ces réunions de prière sans larmes dans les yeux. Cela m'encourage tellement de voir le Seigneur œuvrer de façon si puissante et de tant de manières dans le monde. » —Sheri

« C'est si bon et utile d'entendre parler des besoins et d'avoir conscience de l'œuvre de l'Esprit de Dieu. Cela m'aide à prier plus sérieusement et à faire partie de ce que Dieu accomplit dans votre ministère. » —Timothy

« Louez Jésus! J'aime beaucoup faire partie d'une équipe de prière. » —Mia

Priez avec nous!
Visitez le **www.gfa.ca/pray** pour avoir l'horaire et pour participer aux réunions de prière diffusées.

INVITEZ UN conférencier
DE GFA À PARLER À VOTRE...

... Église,
votre petit groupe,

votre groupe de jeunes, votre école du dimanche...

Cherchez-vous des moyens d'encourager votre congrégation à progresser dans sa marche avec le Seigneur et à développer leur passion pour les âmes?

Un conférencier de GFA peut révolutionner la vision du monde de votre Église et être une inspiration pour ses membres à marcher plus près de Christ.

Nous sommes à la recherche d'amis fort appréciés comme vous qui demandent à leur pasteur, au nom de GFA, de planifier une rencontre pour qu'un de nos conférenciers adresse ce message qui transforme des vies à votre Église.

Vous pouvez contribuer à ce que des vies soient changées en Asie et dans votre Église!

De nombreux pasteurs nous ont dit que la participation de l'Église augmente considérablement après avoir accueilli un conférencier de GFA. Celui-ci lance à la congrégation le défi de vivre de façon désintéressée et dans une perspective éternelle. La Parole de Dieu prendra vie alors que l'un de nos conférenciers s'adresse avec enthousiasme à votre Église.

Invitez un conférencier aujourd'hui et exercez une influence sur votre congrégation...

~ Remplissez le formulaire ci-dessous
~ Téléphonez-nous : 1-877-935-2742
~ Consultez Internet : www.gfa.ca/church

Église _____

Pasteur _____

Adresse _____

Ville _____ Province _____

Code Postal _____ Téléphone ❏ cellulaire ❏ maison (___)

Courriel _____

HB29-RSF9

Postez ce formulaire à : Gospel for Asia, 245 King Street East, Stoney Creek, ON L8G 1L9

Téléphonez-nous : 1-877-935-2742

ou visitez notre site Internet : www.gfa.ca/church

« Dieu, fais qu'un de mes fils prêche! »

La prière d'une mère continue de changer le monde aujourd'hui.

Faites la découverte de la réponse de Dieu à cette prière, de la manière dont il a racheté des millions de vies en Asie grâce au mouvement des missions démarré par K. P. Yohannan, et du changement que le récit de la vie de cet homme peut apporter à votre vie aussi.

Don suggéré : 5 S
Code de commande : Français **(B1F)**   Anglais **(B1)**

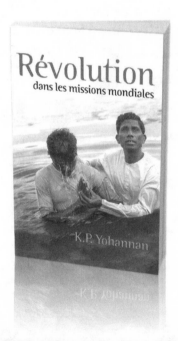

 GOSPEL FOR ASIA

RÉVOLUTION *dans les missions mondiales*
Pour commander votre exemplaire du livre à succès de K. P., consultez Gospel for Asia sur Internet au
www.gfa.ca/store/francais ou prenez contact avec un bureau de GFA près de chez vous (voir la page 186).

Autres articles
de GOSPEL FOR ASIA

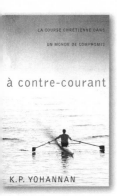

À contre-courant

Dans ce livre révélateur, K. P. Yohannan vous lance le défi de considérer de quelle façon vous êtes en train de courir la course à laquelle Dieu vous appelle. Tout comme l'apôtre Paul, vous aussi pouvez apprendre ce qu'il faut pour pouvoir dire un jour : « J'ai combattu le bon combat, j'ai achevé la course, j'ai gardé la foi » peu importe les obstacles.

Don suggéré : 10 $
Code de commande : Français **(B6F)** *Anglais* **(B6)**

VIVRE À LA LUMIÈRE DE L'ÉTERNITÉ

Osez changer le monde! Vivre en tenant compte de l'éternité nous encourage à ne nous contenter de rien de moins que le but le plus élevé de Dieu pour notre vie.

Don suggéré : 10 $
Code de commande : Français **(B4F)** *Anglais* **(B4)**

LE CHEMIN VERS LA RÉALITÉ

K. P. Yohannan lance un appel solennel à vivre dans la simplicité afin de remplir la grande mission d'évangélisation.

Don suggéré : 10 $
Code de commande : Français **(B2F)** *Anglais* **(B2)**

Passez votre commande en ligne au *www.gfa.ca/francais*

LE DÉCOURAGEMENT : LES RAISONS ET LES RÉPONSES

Prêt à surmonter le découragement et à reprendre la route? C'est possible! Dans cette publication franche et engageante, K. P. Yohannan expose les raisons du découragement et fournit des réponses pratiques. Trouvez une force et un espoir nouveaux pour résoudre les problèmes contemporains.

Don suggéré : 3 $
Code de commande : Français **(BK14F)** *Anglais* **(BK14)**

PRINCIPES DE MAINTIEN D'UNE ORGANISATION SELON DIEU

Vous souvenez-vous du « bon vieux temps » de votre minisèret? Vous trouverez dans cet ouvrage un fondement biblique au maintien de la vitalité et de l'engagement qui accompagne tout nouveau mouvement inspiré de Dieu.

Don suggéré : 3 $
Code de commande : Français **(BK4F)** *Anglais* **(BK4)**

DEAR SISTER,

Au moyen d'une série de lettres écrites pendant une période de sept années, Gisela Yohannan raconte avec candeur les événements de sa vie et de son ministère, à la fois les joies et les peines, et comment le Seigneur a toujours été fidèle. Dear Sister, vous fait la promesse de nouveaux commencements, de bontés renouvelées chaque matin et d'espoir dans votre marche avec Jésus.

Don suggéré : 10 $
Code de commande : **NDES**

Passez votre commande en ligne au *www.gfa.ca/franca*

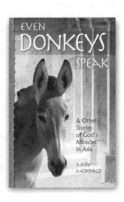

Even Donkeys Speak

Ce livre pour enfants est un recueil d'histoires prises directement des champs de mission de l'Asie du Sud. À la lecture de ces récits captivants de l'œuvre de Dieu, vous et vos jeunes vous sentirez comme si vous vous trouviez en compagnie de ces croyants, à la suite du Seigneur au sein de la jungle et des villages situés dans les régions froides et montagneuses d'Asie. La lecture de ce livre est fascinante, peu importe votre âge.

Don suggéré : 7,99 $
Code de commande : **NEVD**

DVDs captivants

Touch of Love

Un tour du monde avec K. P. Yohannan pour voir les enfants « intouchables » d'Asie avec les yeux de Jésus vous inspirera. Son message vous aidera à mieux comprendre le cœur de Christ qui les appelle ses enfants, ce qui vous donnera l'occasion de les toucher de son amour éternel.

Don suggéré : 10 $
Code de commande : **DVD10**

To Live is Christ!

Sentez la passion qu'éprouve K. P. Yohannan alors qu'il décrit la puissance régénératrice d'un engagement sans réserve à Christ dans ce DVD de 55 minutes. Vous serez émerveillés par les récits de missionnaires qui risquent leur vie pour prêcher l'Évangile. Pleurez avec l'auteur alors qu'il rappelle les années où sa mère s'est sacrifiée et d'où ont découlé des vies changées pour l'éternité. Nombreux sont ceux qui recherchent en vain le sentier qui mène à la vie abondante promise par Jésus. Par la Parole de Dieu, K. P. dévoile ce sentier dans ce message inspirant et stimulant.

Don suggéré : 10 $
Code de commande : **DVD8**

Passez votre commande en ligne au *www.gfa.ca/francais*

Commande

Code	Quantité	Don suggéré
B2F	1	10,00 $

frais de livraison de votre pays :	
don additionnel :	
DON TOTAL INCLUS :	

* Poste Canadienne :
1 ou 2 articles : 5 $
3 à 8 articles : 8 $
9 articles ou plus, ajoutez 0,25 $ par article

Veuillez encercler : M. Mme Mlle R.

Nom _____

Adresse _____

Ville _____ Province _____

Code Postal _____ Téléphone ❏ cellulaire ❏ maison ( )

Courriel _____

HB29-PF9F

Postez ce formulaire à l'un des bureaux nationaux de Gospel for Asia
énumérés à la page 186

ou visitez notre site Internet **www.gfa.ca/francais**

Émettre les chèques à l'ordre de GOSPEL FOR ASIA. Veuillez accorder deux à trois semaines pour recevoir la livraison. Tous les dons sont déductibles d'impôt moins la juste valeur marchande de nos articles. Les dons suggérés sont à la juste valeur marchande de chaque article ou inférieurs à cette valeur, et sont sujets à changement.

MOURRAIS-TU
À TOI-MÊME PENDANT UNE ANNÉE?

School of Discipleship

Investissez une année à School of Discipleship de Gospel for Asia et votre vie ne sera plus jamais la même.

« Cette année fut l'une des plus belles de ma vie »
— Matt

Vous allez :

Secourir ceux qui sont blessés et opprimés en travaillant au siège social de GFA.

Grandir spirituellement grâce aux cours stimulants et à une formation de disciples personnelle.

Intensifier votre vie de prière pour les âmes perdues d'Asie.

Voyager jusqu'au champ de mission pour voir de vos propres yeux comment Dieu touche l'Asie par GFA.

Offert aux chrétiens dévoués, adultes et célibataires, âgés de 18 à 27 ans

Pour plus de renseignements, visitez le site Internet ou écrivez-nous à info@schoolofdiscipleship.ca

gfa.org/school ❖ schoolofdiscipleship.ca /gfaschool
/discipleship.ca disciple365.org